달콤살벌한 한·중 관계사

달콤 살벌한 한·중 관계사
공자 열풍부터 한국전쟁과 냉전까지, 얽히고설킨 두 나라 이야기

초판 1쇄 인쇄 2020년 10월 20일
초판 1쇄 발행 2020년 10월 25일

지은이 만인만색연구자네트워크 시민강좌팀
펴낸이 이영선
책임편집 김종훈

편집 이일규 김선정 김문정 김종훈 이민재 김영아 김연수 이현정 차소영
디자인 김회량 이보아
독자본부 김일신 김진규 정혜영 박정래 손미경 김동욱

펴낸곳 서해문집 | 출판등록 1989년 3월 16일(제406-2005-000047호)
주소 경기도 파주시 광인사길 217(파주출판도시)
전화 (031)955-7470 | 팩스 (031)955-7469
홈페이지 www.booksea.co.kr | 이메일 shmj21@hanmail.net

ISBN 979-11-90893-32-9 03910

이 도서의 국립중앙도서관 출판예정도서목록(CIP)은 서지정보유통지원시스템 홈페이지(http://seoji.nl.go.kr)와 국가자료공동목록시스템(http://www.nl.go.kr/kolisnet)에서 이용하실 수 있습니다.(CIP제어번호: CIP2020042286)

만인만색연구자네트워크 시민강좌팀 지음

서해문집

머리말

한·당·요·송·원·명·청·중국. 우리가 이 책에서 만날 중국의 여러 이름이다. 우리는 이 이름들 중에서 어떤 중국을 기억하고 있을까. 천자국으로서 우리가 사대하는 국가인가, 그저 근접해 있는 이웃 국가일 뿐인가. 혹 이제는 어디서 전파되는지도 알 수 없는 감염병의 근원지로 여전히 그들을 원망하고 있지는 않은가.

COVID-19가 처음 발병할 당시만 해도 우리는 '우한 폐렴'이라는 이름 아래 그 전염병의 성격을 발원지의 특성에 기대어 규정했다. 그러고는 그 지역 시장이 얼마나 비위생적인지 연신 보도해 가며 그들의 '비근대성'을 우리와 구별 짓고 혐오감을 여과 없이 드러냈다. 사실 중국에 대한 이런 혐오감은 갑자기 나타난 것이 아니다. '메이드 인 차이나'라는 저품질 대량 생산의 이미지를 갖고 있지만, 가성비가 좋은 중국 제품에 대해서는 "대륙의 실수"라고 말하지 않는가. 아이러니한 점은 여기에 있다. 우리는 그들을 혐오하고 비아냥거리면서도 동시에 그

'실수'에 열광해 저렴한 가격으로 제품을 구입한다.

한국 관광 시장의 주요 소비자는 중국인이기 때문에 서울 명동의 상점에는 중국어를 하지 못하는 사람이 없고, 중국 회사의 워크숍을 위해 한강에서 삼계탕 파티를 열어 주기도 한다. 이렇게 우리는 중국을 혐오하고 조롱하면서도 적극적으로 소비하고 있다. 이 모순된 인식은 어디서부터 시작된 것일까. 중국을 통해 선진 문물을 받아들이던 옛날의 우리와 지금 우리의 모습 사이 간격을 메꿔 줄 수 있는 이야기는 어디에 있을까. 이 책은 그 간격을 메꿔 보고자 하는 작은 시도로 시작됐다.

만인만색연구자네트워크 시민강좌팀은 역사학을 전공하는 대학원생들이 시민 사회와 소통하는 방식을 모색하는 모임이다. 이에 시민 강좌와 다양한 교육 프로그램을 운영하며 역사적 사실과 전문적 해석을 시민 사회와 나누기 위해 노력해왔다. 이 책은 2018년 1월경, 한

중 관계사를 주제로 함께 책을 만들어보자는 당시 시민강좌팀장의 제안으로부터 시작되었다. 시민강좌팀 성격을 살려 일반 대중이 복잡한 한·중 관계에 쉽게 접근할 수 있도록 해보자는 것이었다. 기획에 따라 시대별 전공자 1인이 한중 관계의 단면을 보여줄 수 있는 흥미로운 소재를 선정했고, 평면적으로 알고 있던 한중 관계를 좀 더 구체화해 그때에도 지금 우리와 같은 사람이 살고 있었다는 풍부한 상상을 할 수 있게 해주는 글을 모았다. 독자들은 이 책을 읽으면서 한국과 중국의 관계가 어떤 계기를 통해 서로 변화해 가는지 볼 수 있을 것이다.

오택현의 글은 종이가 없던 시절 "공자 왈 맹자 왈"이 어떻게 중국 대륙에서 한반도까지 넘어올 수 있었는지 그 구체적 증거를 보여준다. 사람들은 공자님 말씀을 대나무 조각을 엮은 목간에 새겨 품에 둘둘 말아 다니며 읽었고, 이 목간은 중국에서 한반도의 주요 교육기관으로 전해져 한반도 전역으로 퍼져 나갔다. 이렇게 전파된 유교 사상은 삼국의 통치 시스템이 됐고, 다시 일본으로 전파돼 동아시아 유교 문화권을 발전시켜갔다.

백제, 고구려, 신라는《논어》를 통해 지식을 수용하고 전파했을 뿐 아니라, 직접 유학생을 중국에 보내 지식을 흡수했다. 동아시아 지식 전파에서 '도당 유학생' 존재의 중요성을 알려주는 글이 이유진의 것이다. 도당 유학생은 당의 선진 문물을 수용하는 역할과 동시에 동맹국으로서의 입지를 단단히 굳히는 외교관 역할을 했다. 그 때문에 도당 유학생의 운명은 국제 정세에 크게 좌우됐고, 신라와 발해 유학생은 자기 나라를 대표해 성적을 경쟁하기도 했다.

거란과 송이 패권 다툼을 하던 10세기 후반, 고려는 거란의 요청에 따라 송과 외교를 끊고 거란이 세운 요를 천자국으로 인정했다. 우리는 흔히 고려인이 거란을 야만국으로 여겼다고 알고 있지만, 저자인 현수진은 고려인이 거란 문화를 큰 거부감 없이 수용했음을 보여준다. 또한 고려는 송과 요 사이에서 팽팽하게 줄다리기를 하며 자국의 이익을 찾았고, 스스로 천자를 칭하기도 했다. 우리는 이 글을 통해 고려가 문화적, 정치적 유연성을 갖춘 나라였음을 알 수 있다.

고려의 정치적 유연성은 안선규의 글에서도 충분히 엿볼 수 있다. 안선규는 고려와 원의 관계를 시호 중심으로 풀어냈다. 충선왕과 공민왕은 각각 자국 내에서 왕권을 강화하기 위해 필요에 따라 원에 시호를 요청하기도, 독자적 시호를 사용하기도 했다. 저자는 원을 시대의 '파도'로 비유했는데, 그렇다면 그 파도의 흐름을 따르기도 거슬러 오르기도 하는 고려는 '서퍼'라 볼 수 있다. 우리는 이 글을 통해 매 순간 변화하는 시대의 흐름에서 나름의 균형을 선택하는 고려 왕의 긴장감을 느낄 수 있다.

이제 시대는 조선과 명으로 넘어온다. 조선시대 명과의 외교에서 제일 중요한 것은 '사신 접대'였다. 신동훈은 사신 접대를 위한 기획부터 그 구체적 실행으로서 사신 접대를 위한 '화려한 쇼'를 보여준다. 글에 등장하는 장면들은 올림픽 개·폐막식에서나 볼 수 있을 법한 장관이며, 사신이라는 매개를 통해 최대의 외교적 효율을 끌어내려 했던 조선의 노련함을 엿볼 수 있다.

이명제는 중국이라는 창을 통해 서양 문물을 접하게 된 조선의 모습을 보여준다. 조선이 그렇게 폐쇄적인 사회가 아니었으며, 서양 학문과 사상이 조선 사회 내에서도 충분히 공존 가능했다고 말한다. 그럼에도 왜 우리는 결국 서양 열강의 세력 다툼에 휘말리고 일제강점기를 겪을 수밖에 없었는가. 저자는 그것이 동양 문화에 대한 이해 없이 강요된 서양 문화와 서양의 정치적·경제적 야욕에 있다고 비판한다. 이렇게 청과 조선은 모두 밀어닥쳐오는 제국주의의 파도에 휩쓸리며 같은 운명을 맞이하게 된다.

중국을 중심으로 나름의 균형을 이뤄오던 조선은 서양 문물의 도입, 제국주의 침탈로 세계관의 붕괴를 겪게 된다. 이때의 충격이 너무 컸을까. 정종원은 중국의 몰락을 지켜보는 조선의 인식에서 혐오가 싹트고 있었음을 보았다. 그는 개혁의 절박감과 조바심이 중국에 대한 혐오 감정을 만들어냈다고 지적한다. 물론 비약이겠으나 우리가 가지고 있는 현재 중국에 대한 인식은 바로 이때부터 시작된 것일지도 모른다. 그러나 단순히 혐오만 했던 것은 아니다. 한국과 중국은 제국주의 피해자로서 동류애를 가졌고, 3·1운동과 5·4운동을 서로 지지하면서 연대를 형성해갔다.

혐오하면서도 연대하였던 근대의 한중 관계는 다시 한 번 변화한다. 세계가 사회주의와 자본주의로 나뉘는 냉전이 시작되면서 한중 관계는 새로운 국면에 처하고 만다. 김지훈의 글은 일제강점기 같은 운명에 처해있던 중국과 한국이 한국전쟁을 계기로 어떻게 적대와 협력 관계로 분화되는지 보여준다. 이데올로기에 따라 남북이 분열되면서 연대 의식은 중국과 북한의 것, 혐오 의식은 중국과 남한의 것이 됐다. 중국은 남한을 '해방'시키기 위해 한국전쟁에 참전했고, 전쟁에 참전하면서 국제 사회에 중국의 존재를 각인시키고자 했다. 그러나 결국 중국은 국제 사회에서 고립됐고, 남한과는 공개적으로 완전한 적대 관계를 형성하게 된다.

문미라의 글은 남한과 수교가 단절된 시기 북한과 중국이 맺은 혈맹 관계의 내면을 보여준다. '피로 나눈 우의'가 때로는 '피 터지는 우의'가 된다는 것을 보여주는 것이다. 문화대혁명기 중국은 북한에 자신들의 '새로운 생각'을 강요했고, 북한은 이를 내정 간섭으로 받아들이며 둘의 관계는 남북 관계만큼이나 첨예한 대립각을 세우게 된다. 저자는 이 대립각의 결과로 조선족 사회의 한족화 현상이 나타날 수밖에 없음을 보여준다. 그 과정은 폭력적이고 공포스러웠다. 각종 범죄 영화에서 양산해낸 '피바람'을 일으키는 '조선족' 이미지. 그 이미지, 스테레오타입을 바라보는 조선족들의 머리 한편에는 과거 자신들이 당했던 폭력의 공포가 떠오르지는 않았을까.

아홉 명의 저자가 들려주는 고대부터 현대까지의 한중 관계를 통해 여기에 절대적 우위 또는 절대적 하위 관계는 없었다는 것을 확인할 수 있다. 선망은 순식간에 혐오로 바뀌고, 또 새로운 계기로 연대가 형성되며, 피로 맺은 연대는 서로 물어뜯지 못해 안달 나는 미움으로 변하기도 한다. 유교 사상과 제국주의, 냉전이라는 거대한 파도가 한중 관계를 휩쓸고 지나갔다. 그 파도 위에서 중심을 잡기 위해 한국이 어떤 고군분투를 해왔는지 이 책을 통해 볼 수 있다. 지금 한국과 중국은 어떠한 파도 위에 올라있는가? 그 파도가 순풍이 돼줄지 쓰나미가 돼줄지는 한국과 중국을 둘러싼 세계적 변화를 주시해야 알 것이다. 그 변화 속에서 어떤 선택을 할 것이며 어떤 전략을 취할 것인가. 이 책을 통해 그 선택에 대한 힌트를 발견할 수 있길 바란다.

2020년 10월

만인만색연구자네트워크 시민강좌팀을 대표해서 김세림 씀

차례

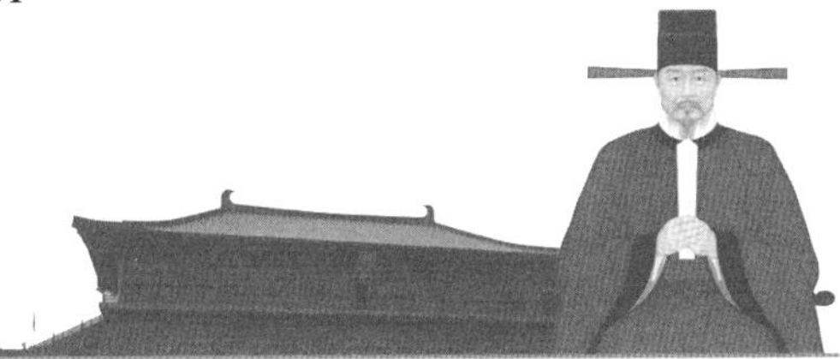

고조선 — 한

한반도에서 발견된 《논어》 목간의 기원

한반도 전역으로 퍼지는 '공자님 말씀'

동아시아 고대인의 삶 속으로 파고든 '공자님 말씀'

신라 — 당

2500년간 동아시아를 지배한 공자의 '말'

나뭇조각에 '공자님 말씀'을 담다: 편철간 《논어》의 탄생

《논어》를 문고본으로 읽은 한漢 사람들: 규격화된 목간의 탄생

고려 — 요·송

고려 — 원

조선 — 명

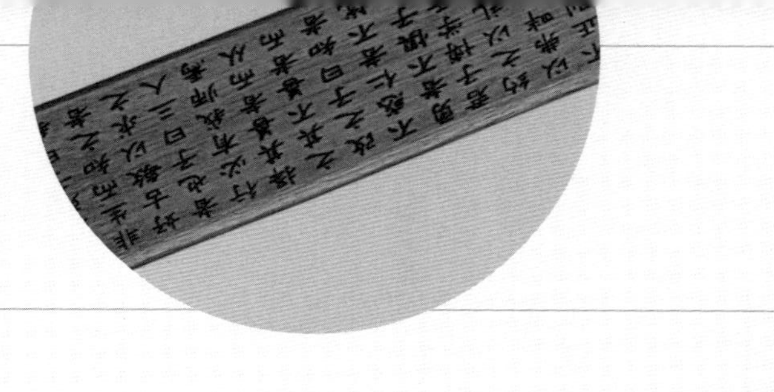

조선 대한제국·일제강점기 한국전쟁 북한

나뭇조각에 아로새긴 '공자님 말씀'

오택현

청 청·중국 중국 중국

2500년간 동아시아를 지배한 공자의 '말'

'사서삼경四書三經', '성인군자聖人君子', '충효忠孝와 의리義理' 등 일상생활에서 쉽게 접할 수 있는 이런 말의 공통점은 무엇일까? 바로 유교와 관련이 있다는 점이다. 지금부터 대략 2500여 년 전 공자孔子의 입에서 시작된 유학儒學, 나아가 유교儒敎 사상은 고대 삼국시대부터 고려, 조선을 거쳐 현재를 살아가는 한국인에게까지 여전히 강력한 영향력을 발휘하고 있다. 비단 한국 사회뿐만 아니라 동아시아 여러 나라의 역사와 사상, 생활 풍속에까지 녹아든 유교 문화는 오늘날까지도 그 생명력을 유지하고 있다.

그렇다면 2500년이라는 긴 세월 동안 동아시아인의 생각과 행동을 지배해온 유교는 언제, 어떠한 경로를 거쳐 이곳 한반도에 전해진 것일까? 그리고 한국인은 언제부터 공자 왈, 맹자 왈 하며 경전을 외고 유학의 학문적, 사상적 요체를 체득하고자 노력했을까? 또 유교가 처음 전래됐을 당시 상황은 지금과 어떤 차이점이 있을까?

유교의 사상적, 학문적 근간이자 기본 경전이라 할 수 있는《논어論語》는 유학 사상을 대표하는 저술이다.《논어》는 공자가 생전에 전한 가르침을 그 제자들이 기록한 책으로, 공자의 언행록이자 곧 유교를 이해하고자 하는 이들이 익혀야 할 가장 기본적인 텍스트라 할 수 있다. 따라서 유교 사상이 언제쯤 한국에 전래돼 영향을 끼치기 시작했는지를 알고 싶다면, 바로 이《논어》가 처음 한반도에 소개된 시점을 추적할 필요가 있다.

한반도에 유교가 처음 전파된 시점이나 그 과정에 대한 직접적인 기록은 남아 있지 않다. 그러나 다행히 한반도에서 고대《논어》목간이 발견됨에 따라 우리는 한반도에 유교가 전래·수용됐고 나아가 그것이 사용됐음을 알게 됐다. 그리고 이를 통해 고대 한반도의 지식인이 유학을 어떻게 학습했는지 간략하게나마 살펴볼 수 있다는 것도 우리에게는 큰 행운이다.

그렇다면 지금부터《논어》가 한국 사회에 언제 처음 보급됐는지, 그리고《논어》가 당시 어떤 형태로 유통됐고, 사람들은 그것을 어떻게 배우고 익혔는지 살펴볼 것이다. 즉 이것은 1500여 년의 세월 동안 한반도에서 한국인의 생각과 행동을 지배해온 '공자님 말씀'이 처음 전해진 때의 이야기다.

나뭇조각에 '공자님 말씀'을 담다
편철간《논어》의 탄생

기원전 8세기부터 기원전 3세기까지 중국에서는 커다란 분열의 역사가 전개되고 있었다. 이른바 '춘추전국시대'라고 명명되는 이 시기는 무수히 많은 나라가 흥망의 역사를 반복하는 대혼란기였다. 이러한 혼란을 잠재우고 이상적인 세계를 만들고자 하는 많은 사상가가 등장했으니, 그들이 바로 '제자백가諸子百家'라고 불린 이들이다. 공자 또한 제자백가 중 한 사람으로 전국시대가 오기 전 '춘추시대'에 활동한 저명한 사상가였다. 당시 공자가 설파한 사상은 많은 사람에게 울림을 주었고, 그 때문에 그의 뒤에는 언제나 많은 제자가 따랐다.

공자의 제자들은 공자가 생전에 전한 많은 '말'이 세상에 널리 알려지길 바랐다. '공자님께서 남긴 말씀'을 세상에 전하고자 했던 제자들의 동인動因을 하나로 설명하기는 어렵다. 다양한 사상과 논리가 공존하며 서로 경쟁하던 시대였던 만큼 공자의 가르침이 널리 퍼져 공자의 위상이 높아지길 바랐던 마음도 있었을 것이고, 공자의 철학을 계승한 자신들의 사회적 지위가 조금 더 상승하길 바랐던 마음도 있었을 것이다.

어쨌든 이러한 제자들의 노력이 결실을 맺어 공자가 죽은 후 점점 더 많은 사람이 '공자님 말씀'을 우러르기 시작했다. 제자들은 공자의 말이 오랫동안 기억되고 전승되기를 바라며 그것을 문자로 기록했고,

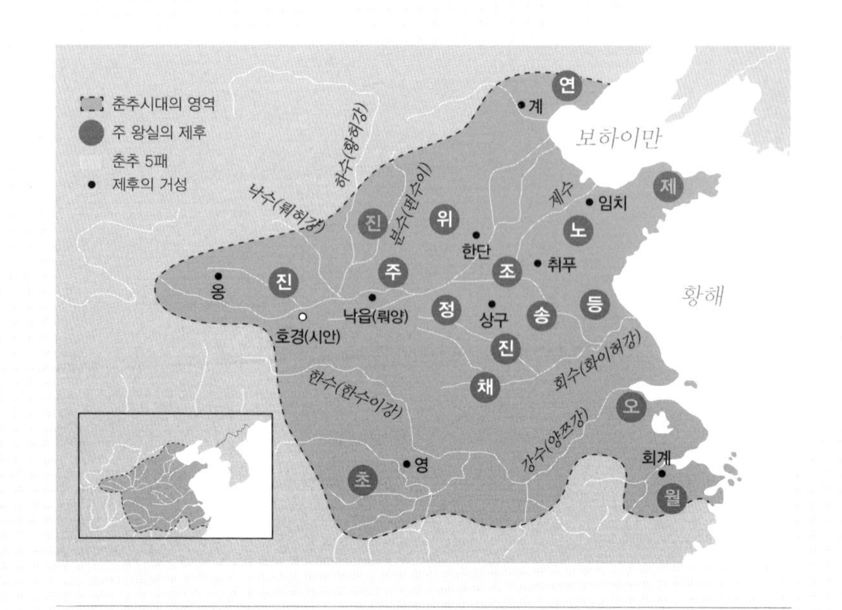
춘추시대의 영역
주 왕실의 제후
춘추 5패
제후의 거성
연
계
보하이만
하수(황허강)
분수(펀수이)
낙수(뤄허강)
제수
임치
제
진
위
노
한단
취푸
옹
진
주
조
황해
낙읍(뤄양)
정
상구
송
등
호경(시안)
진
회수(화이허강)
한수(한수이강)
채
오
강수(양쯔강)
회계
영
초
월

춘추시대

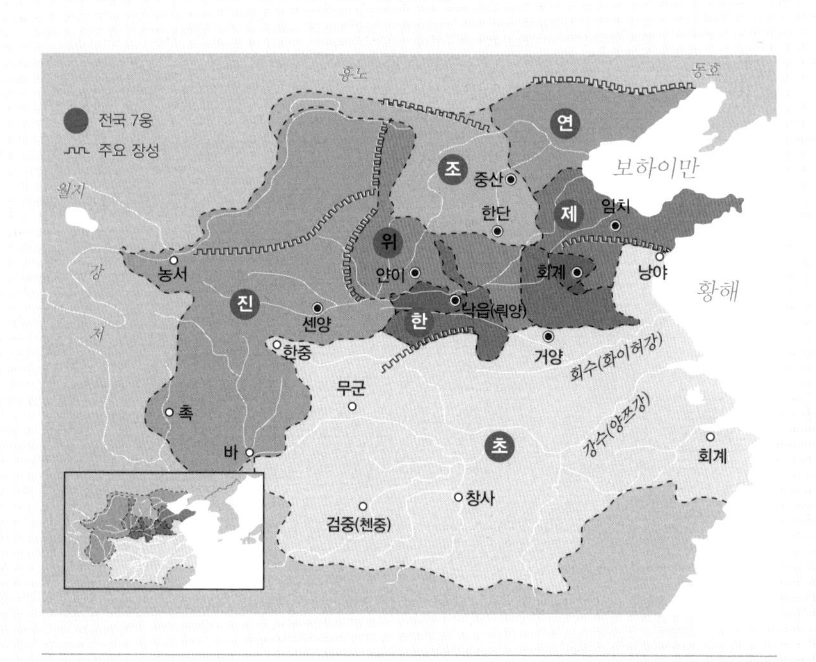
흉노
동호
전국 7웅
주요 장성
연
보하이만
조
중산
월지
한단
제
임치
위
농서
안이
회계
낭야
진
낙읍(뤄양)
황해
센양
한
한중
거양
회수(화이허강)
무군
촉
강수(양쯔강)
초
바
회계
창사
검중(첸중)

전국시대

그렇게 '공자님 말씀'은 제자들에 의해 정리돼 세상에 널리 퍼지게 됐다. 그리고 조금 더 시간이 지나자 공자의 말은《논어》라는 한 권의 책으로 완성되게 된다(기원전 450년경).

공자의 《논어》와 맹자의 《맹자》

춘추시대를 풍미한 위대한 사상가였던 공자는 뛰어난 교육자이기도 했다. 그의 곁에는 언제나 많은 제자들이 따랐다. 혼란스러운 천하를 바로잡고자 노력했던 공자는 제자들이 관리로 출사해 자신의 철학을 현실 정치에 구현하기를 바랐다. 실제 그의 제자들은 여러 나라에 관리로 출사해 활약했다. 공자의 사상이 널리 알려질 수 있었던 이유도 바로 이런 뛰어난 제자들의 활약이 있었기 때문이라 할 수 있다.

한편 공자의 철학을 계승, 발전시킨 대표적 사상가로는 맹자孟子가 있다. 맹자는 전국시대에 활동한 사상가로서 젊은 시절 공자의 손자인 자사子思의 문하생으로 들어가 공부했다. 그는 백성의 삶과 위정자의 행실에 깊은 관심을 가졌고, 특히 위정자의 행실과 현실 대처에 대해 여러 방향으로 조언을 했다. '군주가 통치를 제대로 못하면 하늘의 뜻에 따라 민중이 저항하고 모방하게 된다'고 주장하며 천명天命을 강조했고, 패도霸道를 버리고 왕도王道로 정치를 펼쳐야 한다고 역설했다. 맹자의 사상은 기원전 280년경 찬술된《맹자》라는 책으로 정리돼 이른바 사서삼경의 사서 중《논어》다음가는 책으로 자리하게 됐다.

'공자님 말씀'을 바탕으로 정립된 유교 경전은 여러 책으로 구성돼 있다. 우리 선조들이 그토록 달달 외며 살았던 '사서삼경'도 모두 유교 경전을 기록한 책임을 떠올리면 이해하기 쉬울 것이다. 그리고 사서삼경 중에서도 으뜸으로 꼽히는 것이《논어》다.《논어》가 중시됐던 이유는 그것이 공자가 설한 가르침의 요체를 담고 있기 때문이다. 즉《논어》는 유학을 공부할 때 가장 먼저 독파해야 하는 책이었다.

그런데 학문을 익히며 그 안에 담긴 사상의 요체를 터득하기 위해서는 기본적인 학습 환경이 마련돼야 한다. 먼저 텍스트라 할 수 있는 서책이 있어야 하고, 그 안에 담긴 학문의 요체를 가르칠 스승이 있어야 한다. 하지만 체계적인 교육 체계가 미비했던 고대 사회에서는 이러한 학습 환경이 갖추어지기 어려웠다. 비록 텍스트가 있다고 할지라도 지금처럼 학교나 학원에서 교사 혹은 강사의 도움을 받아 공부하거나, 과외를 통해 부족한 지식을 보충하는 식의 학습법은 당시 일반 대중이 누리기 힘든 호사였다.

이러한 이유로 당시의 학습자는 주어진 텍스트를 바탕으로 홀로 학문을 연마해야 하는 경우가 많았다. 그런데 그 텍스트라는 것도 사실 여간 부실한 것이 아니었다. 지금은 종이책뿐만 아니라 컴퓨터, 태블릿 PC, 스마트폰 등을 통한 간단한 인터넷 검색으로 원하는 정보를 수월히 접할 수 있고, 또 동영상 강의나 전자책e-book 등 다양한 방법과 수단을 통해 자료를 찾고 지식을 습득할 수 있다. 그러나 이와 같은 전자기기가 없었던 전근대에는 오로지 종이로 된 책이 유일한 지식의 통로였다.

물론 종이가 일상생활에 보급되기 시작한 것도 1세기 무렵 중국에서 채륜에 의해 종이가 대량 생산되기 시작한 시점부터다. 그전에도 지역에 따라 종종 종이가 사용된 흔적이 보이기는 하지만, 그 연원을 알기 어려우며 널리 보급되지도 않았다. 어쨌든 채륜에 의해 종이를 대량 생산하는 방법이 알려졌다고 해도 곧바로 일반 대중이 종이를 널리 사용했다고 보기는 어렵다. 당시 종이는 오늘날의 그것처럼 가볍고 좋은 재질로 제작되기 어려웠기 때문이다. 따라서 종이가 보급된 이후에도 오랜 기간 중요한 내용의 서사는 종이가 아닌 비단에 이뤄지는 경우가 많았다. 특히 일반 대중은 문자를 기록하기 위해 종이보다 나무를 즐겨 사용했다. 종이를 생산하기 위해서는 여러 공정 단계를 거쳐야 했기 때문에 많은 시간과 공력이 필요했으며, 그만큼 값비쌌다. 즉 종이는 일반 대중이 쉽게 사용할 수 있는 서사 재료가 아니었다. 이 때문에 당시 서사 재료로서 주목을 받았던 것은 자연 상태의 나무나 대나무를 칼로 깎아 만든 '목간木簡'과 '죽간竹簡'이었다.

목간이란 나무를 길고 얇게 잘라 평평하게 가공해 거기에 글씨를 쓸 수 있도록 만든 서사 재료다. 나무 중에서도 대나무를 사용한 것을 '죽간竹簡'이라고 한다. 종이가 보급되지 않았거나 귀했던 시대의 사람들은 이러한 목간과 죽간에 글씨를 썼는데, 종이처럼 목간과 죽간도 미리 많이 만들어두었다가 필요할 때 사용했다. 특히 목간은 글자나 내용을 잘못 기입했을 때 종이나 비단보다 수정하기가 수월했다. 휴대용 단도로 잘못 쓴 부분을 깎아내고 다시 글씨를 쓰면 됐기 때문이다.

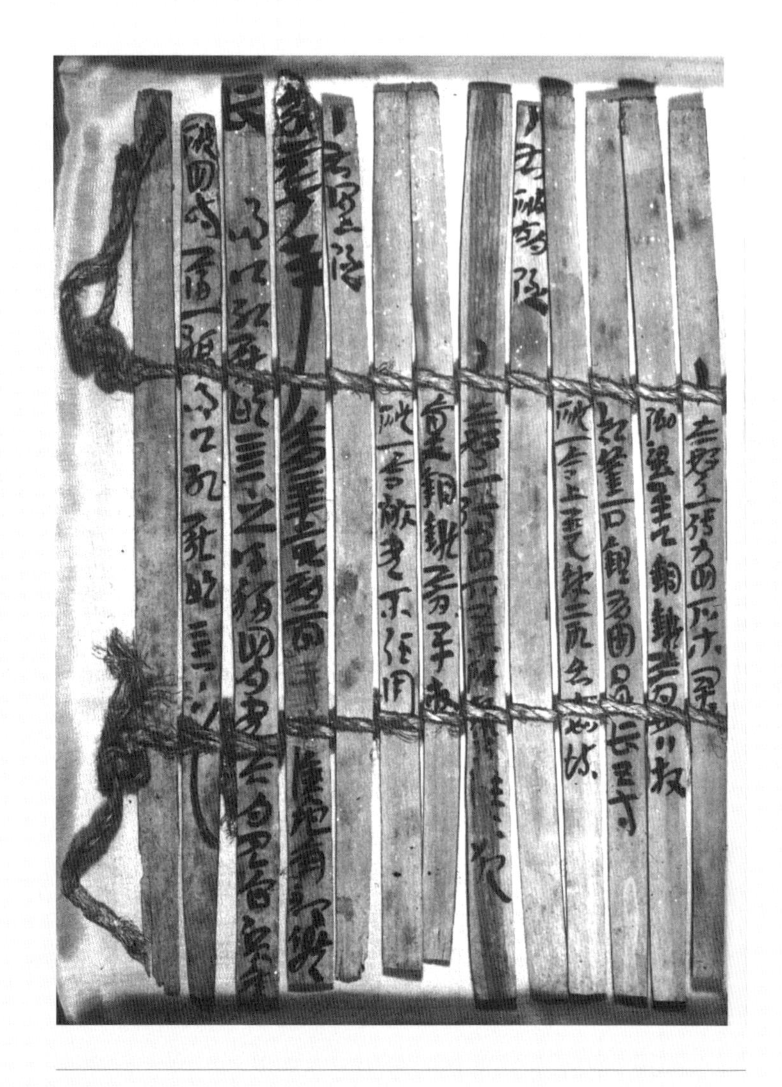

중국 한 대의 편철 목간
중국과학원고고연구소 편, 《거연한간갑편居延漢簡甲編》, 과학출판사, 1959

잘못 쓴 부분을 수정하기 위해 나무를 깎는 과정에서 생기는 목간 부스러기를 '삭설削屑'이라고 하는데, 이 또한 고대 유적에서 목간과 함께 심심찮게 발견된다.

한편 고대인은 목간 여러 개를 끈으로 묶어 두루마리 형태로 만들어 사용하기도 했는데, 이처럼 여러 개의 목간을 엮어 책으로 만든 것을 '편철간編綴簡'이라고 한다. '책冊'이라는 한자가 바로 이처럼 나뭇조각을 편철해 책으로 만든 편철간 형상을 그대로 본뜬 것이다.

왼쪽 사진처럼 당시 사람들은 나무를 서사 재료로 삼아 '공자님 말씀', 즉《논어》를 기록한 뒤 편철간 형태의 책으로 만들어 그 지식을 보관하고 유통했다. 그렇다면 당시 이렇게까지 공력을 기울여가며 목간이라고 하는 나뭇조각에 '공자님 말씀'을 기록한 이유는 무엇일까? 그리고 목간으로 제작된《논어》책의 크기는 어느 정도였을까?

《논어》를 문고본으로 읽은 한漢 사람들
규격화된 목간의 탄생

오늘날 서점의 책장에 진열된 책을 살펴보면 책들이 대개 일정한 크기로 규격화돼 있음을 알 수 있다. 이것은 당연히 책의 보관과 정리의 편의성을 고려했기 때문일 것이다. 고대 사회에서도 마찬가지 이유로 목간을 엮어 책을 만들 때는 일정한 규칙이 있었다. 앞서 말했듯이 종이

복원된 《논어》 편철간
ⓒ 오택현

책이 널리 쓰이기 전까지는 목간 여러 개를 묶어서 책을 만드는 편철간 방식이 일반적이었다. 그런데 이때 각 목간의 크기가 일정하지 않으면 책으로 엮기 힘들고, 편철 과정을 거쳐도 말끔하게 정리해 보관하기 어렵다. 따라서 고대인 또한 일정한 규격을 정하고 거기에 따라 나무를 가공해 목간을 만들었다.

중국 전국시대에는 2척 4촌, 2척, 1척 2촌, 6촌 등 여러 규격으로 편철간을 제작·사용했는데, 진秦이 중국을 통일하면서 편철간의 길이가 짧아지는 현상이 나타난다. 이후 진이 무너지고 한漢이 건국되면서 전

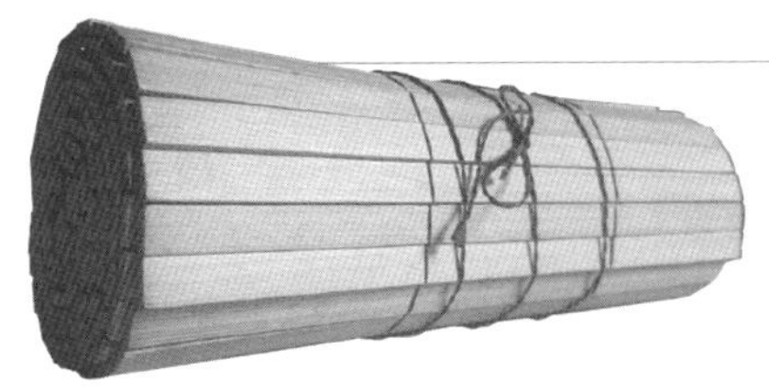

복원한 편철간 보관 방법

ⓒ 오택현

국시대부터 사용된 목간 규격이 대체로 유지되는 한편, 책의 성격에 따라 편철간의 크기를 달리하는 규정이 마련되기 시작했다.

한 대에 목간의 길이는 1척(23센티미터)이 기본 규격이었다. 하지만 중요한 내용이 기록된 편철간의 경우에는 책을 만들 때 사용되는 목간과 길이 차이를 두고 나무를 가공했다. 예컨대 법령 관련 서적은 목간의 길이를 2척 4촌(55.2센티미터)으로 제작했고, 유교 경전이나 관청의 장부 등은 1척 2촌(27.6센티미터)으로 제작했다. 그렇다면 유교 경전인《논어》를 쓴 목간의 길이는 얼마였을까?《논어》는 특이하게도 기본

1척보다 작은 8촌(약 18.4센티미터)으로 제작했다. 이것은 휴대하기 쉽게 짧은 길이로 만듦으로써 《논어》가 널리 보급되길 원했던 한 사람들의 의도가 투영된 결과다. 이를테면 요즘의 문고본과 같은 것이라고 할 수 있겠다.

식자층은 이렇게 문고본 형태로 제작된 《논어》를 품 안에 넣고 다니며 애독했고, 심지어 글자를 모르는 일반 백성조차 무의식중에 그 글귀를 인용할 정도로 '공자님 말씀'은 널리 퍼져 나갔다. 이렇게 한 대 이후 공자의 가르침은 중국의 정치·철학·윤리 등 인간이 삶을 영위하는 데 사상적 기반으로 자리하며, 사회 전반에 광범위한 영향력을 발휘하게 됐다. 그에 따라 자연스레 《논어》는 유교의 성경聖經이 되어 많은 이들이 읽고 암송하는 책이 됐다.

당시 사람들은 편철간으로 제작된 《논어》 목간을 둘둘 말아 보관하거나 몸에 지니고 다녔다. 하지만 편철한 목간의 개수가 많아질수록 책 무게가 무거워지고 부피도 커져서 휴대하기가 불편했다. 따라서 사

람들은 책의 휴대성을 높이기 위해 자尺 형태로 만든 목간에 《논어》를 새기기도 했는데, 이것만 봐도 당시 사람들이 《논어》를 얼마나 사랑했는지 짐작할 수 있다. 《논어》를 품 안에 넣고 다니며 언제든지 편하게 꺼내어 읽었던 당시 사람들의 모습은 '공자님 말씀'이 일상 속에 깊숙이 스며들어 있었음을 보여준다.

한반도에서 발견된 《논어》 목간의 기원

법가 사상을 바탕으로 중국 전역을 지배했던 진이 무너지고 한이 천하의 주인이 되면서 중국대륙에서는 유가 사상이 다시 꽃피기 시작했다. '분서갱유焚書坑儒'로 상징되는 진시황의 탄압에 큰 타격을 받았던 유가 사상은 한 무제 때 이르러 동중서董仲舒의 건의를 계기로 국교國敎

휴대성을 높이기 위해 자 형태로 만든 목간에 《논어》의 내용을 새기기도 했다.
ⓒ 오택현

의 지위를 차지했다. 이렇게 중국 전역에서 공자 왈, 맹자 왈 소리가 다시 들리기 시작했을 무렵, 《논어》는 중국에서 한반도로 전해지게 된다.

그 시기는 유교의 국교國教화가 이루어진 한漢 무제武帝 때다. 당시 사방으로 영역을 확장해 나가던 한은 기원전 108년(무제 33) 고조선(위만조선)을 멸하고 그 땅에 네 개의 통치 기관, 이른바 '한사군漢四郡'을 설치했다. 이를 계기로 중국에서 꽃피운 한 문화가 한반도에 급속도로 유입되기 시작했고, 이 과정에서 자연스레 《논어》를 비롯한 유가의 서적도 함께 한반도에 들어온 것으로 파악된다. 평양 정백동 364호분에서 발견된 《논어》 죽간은 이와 같은 당시의 상황을 잘 보여준다.

오늘날 평양에 있는 낙랑 시기의 무덤은 약 400년간 존속했던 낙랑군의 흔적이다. 특히 평양시 정백동 낙랑구역에서 수백 기의 낙랑 시기 무덤이 발견됐는데(정백동 고분군), 그중 '정백동 364호분'에서는 당시의 생활상을 반영하는 많은 유물과 함께 기원전 1세기 무렵 낙랑 지배층이 사용하던 목간이 여러 개 발견돼 학계의 큰 주목을 받았다. 일종의 행정 통계 문서라 할 수 있는 〈낙랑군 초원 4년 현별 호구 다소樂浪郡初元四年縣別戶口多少□□〉 목간과 《논어》 죽간이 그것이다.

특히 1992년 북한 학계를 통해 처음 보고된 이 《논어》 죽간은 그 수량이 120여 매에 달하는 것으로 알려져 있으며(내용이 확인된 것은 44매), 시기적으로도 한반도에서 발견된 《논어》 목간 가운데 가장 이른 시기의 것이다. 이 죽간에는 《논어》의 〈선진先進〉과 〈안연顏淵〉 편이 죽간 1매당 대략 20자 내외의 글자로 적혀 있으며, 편철간 방식의 책으로 제

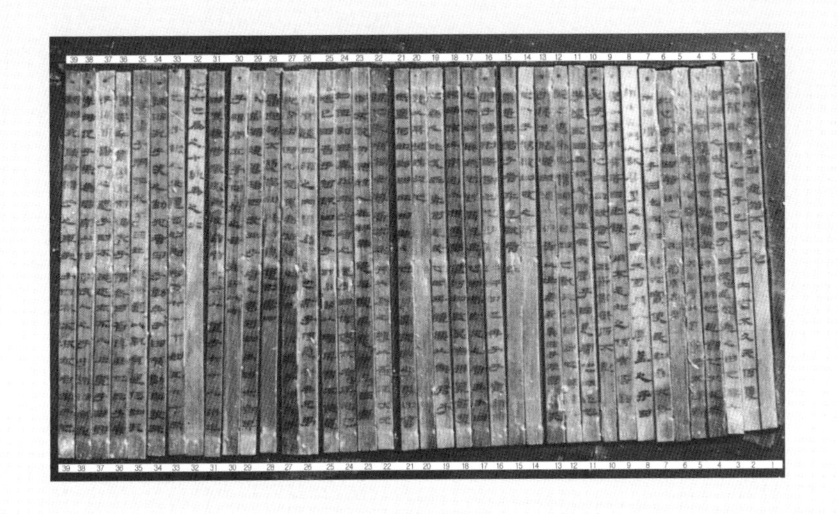

평양 정백동 364호분 출토《논어》죽간 39매枚

쓰루마 가즈유키鶴間和幸 보관 낙랑 유물 사진 앨범 자료

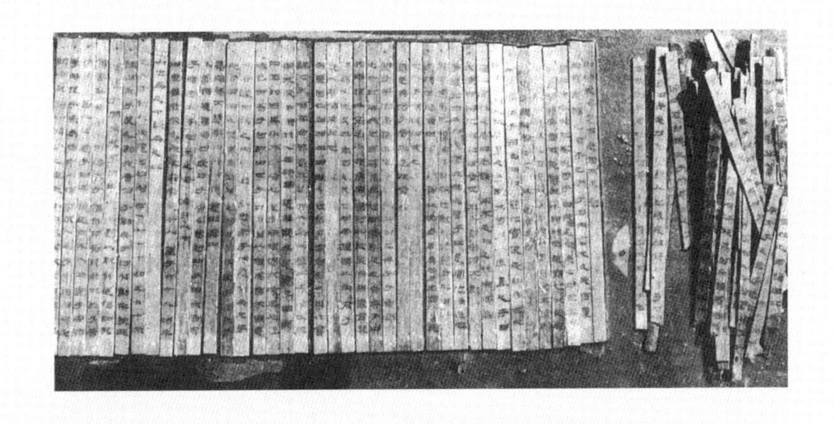

평양 정백동 364호분 출토《논어》죽간 일괄

《고구려회회보》63, 2001, 4쪽

위 두 사진은 모두 이성시·윤용구·김경호, 〈평양 정백동 364호분 출토 죽간《논어》에 대하여〉,《목간과 문자》4, 2009, 131쪽에서 인용

작된 흔적이 있다. 이를 통해 늦어도 기원전 1세기 무렵에는 한반도에 이미 《논어》를 비롯한 유교 책典籍이 보급됐고, 그와 함께 유교 문화도 전파되기 시작했음을 알 수 있다.

이 《논어》 죽간과 유사한 사례로 1973년 중국 허베이성河北省 정저우시定州市에서 발견된 《논어》 죽간(기원전 55년 제작)이 있다. 이 죽간 또한 편철간으로 제작됐으며, 죽간 1매에는 대략 19~21자가 적혀 있다. 형태뿐 아니라 글자의 기입 방식에서도 평양 정백동에서 발견된 것과 매우 유사하다. 정저우시에서 발견된 《논어》 편철간의 죽간 1매의 길이는 16.2센티미터 정도로, 한漢 대의 척尺으로 따지면 약 7촌이다. 당시 중국의 《논어》 목간이 8촌 길이로 만들어졌다는 점을 고려할 때, 정저우시 《논어》 죽간이나 평양 정백동 《논어》 죽간 모두 당시의 《논어》 목간 규격을 그대로 따랐음을 알 수 있다. 여기서 1촌의 오차는 목간이라는 소재의 특성상 2000여 년의 시간 동안 진행된 탈수와 수축 현상에 따른 변형으로 볼 수 있다.

《논어》 죽간이 출토된 평양시 정백동 낙랑구역 일대는 고대 낙랑군의 중심 지역이었다. 더구나 평양은 죽간의 소재가 되는 대나무가 생장할 수 없는 환경이며, 죽간은 중국에서는 흔하게 볼 수 있지만, 한반도에서는 거의 볼 수 없는 서사 재료다. 그리고 죽간이 출토된 정백동 364호분에서는 낙랑군 현지에서 제작된 물건 이외에도 중국 본토에서 제작된 유물이 다수 출토됐다. 이러한 점으로 미루어보아 정백동 364호분에서 발견된 이 《논어》 죽간은 낙랑군에서 제작된 것이 아니라 중국 본토에서 제작돼 평양 지역(낙랑군)으로 유입된 것이 확실하다고 할 수 있다.

한반도 전역으로 퍼지는 '공자님 말씀'

그렇다면 《논어》로 상징되는 '공자님 말씀'이 한반도 전역으로 퍼지기 시작한 것은 언제부터였을까? 우선 고구려, 백제, 신라가 병존한 삼국시대를 주목해볼 수 있다. 삼국에는 모두 태학太學 혹은 대학大學이라 불리는 국립 교육기관이 있었다. 이와 같은 교육기관은 왕권을 수행하기 위한 관료를 양성할 목적으로 설립됐고, 여기서 교육을 받은 지배층의 자제는 관리로 출사했다. 그리고 태학 교육의 핵심을 이루고 있던 것이 유학이었다. 물론 이러한 교육제도 또한 중국에서 들어온 것으로, 중국에서는 이미 서주西周시대부터 이와 같은 교육기관이 출현해 한 무제 때에 이르면 본격적인 학교 제도로서 확립된다.

삼국은 4세기 무렵 저마다 '율령律令'이라는 법체계를 수립하고, 율령에 바탕을 둔 새로운 지배 체제 구축에 박차를 가하고 있었다. 율령은 곧 국가를 운영하는 기본 법체계로서 이를 통해 삼국은 체계적이고 일률적인 통치 체제를 구축하고자 한 것이다. 율령에 기초해 국정을 운영하기 위해서는 유학적 소양을 지닌 관료 양성이 필수였고, 곧 태학은 율령 체제 구축을 위한 인재 양성 기관으로 운영됐다. 이렇게 고구려,

인천 계양산성 출토《논어》목간(5면 목간)
국립부여박물관·국립가야문화재연구소,《나무 속 암호 목간》, 2009, 200쪽

백제, 신라의 교육기관에서도 공자 왈, 맹자 왈 하는 독경 소리가 들리게 되면서 '공자님 말씀'은 한반도 전역으로 퍼져 나가기 시작했다.

한편 삼국의 사람들이《논어》를 어떻게 학습했는지 구체적으로 보여주는 사례가 있다. 고구려, 백제, 신라의 국운을 건 투쟁이 종식되고 통일신라 문화가 꽃을 피우는 7~8세기는 목간과 종이가 함께 사용되던 지목병행기紙木竝行期였다. 인천 계양산성과 김해 봉황동 유적에서 발견된《논어》목간은 바로 이 7~8세기* 무렵을 살았던 고대인이《논

* 계양산성 출토 목간은 5세기에 백제인이 제작한 것이라는 주장도 있다.

김해 봉황동 출토《논어》목간(4면 목간)
국립부여박물관·국립가야문화재연구소,《나무 속 암호 목간》, 2009, 196쪽

어》를 학습한 흔적이다. 이들《논어》목간은 신라인이 만든 것으로, 당시 신라에서《논어》가 널리 읽혔음을 추측하게 하는데, 여기서 특히 주목되는 것은 목간의 형태와 크기다.

사진 속 목간은 4면 혹은 5면에 글자를 적은 다면多面 목간으로, 모두 상·하부가 온전하지 못한 상태다. 목간이 부러진 상태로 그 일부만 발견된 것이다. 그러나 목간에 쓰인 글씨는 명확히 읽을 수 있다. 여기에는《논어》의 〈공야장公冶長〉 편이 4면 혹은 5면에 걸쳐 적혀 있다. 〈공야장〉의 내용을 바탕으로 이들 목간의 길이를 복원해보면 약 130센티미터 전후였을 것으로 추정된다.* 앞서 언급한 것처럼 고대 중국에서는 사람들이 《논어》를 쉽게 휴대해 읽을 수 있도록 18센티미터 정도 길이의 목간에 《논어》의 문구를 새기고 편철해 책으로 만들었다. 거기에 비하면 약 130센티미터 전후의 길이에, 4면 혹은 5면에 걸쳐 빙 둘러 글씨를 적어놓은 신라인의 이러한 《논어》 목간은 휴대용이라고 보기 어렵다.

이렇게 큰 《논어》 목간이 중국에서는 발견된 사례가 없기 때문에 그 정확한 용도를 파악하기는 어려운 상황이다. 다만 고대 일본 목간의 사례를 통해 이 기다란 목간의 용도를 추측해볼 약간의 단서를 얻을 수 있다. 일본에서는 지금까지 30여 점의 《논어》 목간이 발견됐는데, 이들 목간은 신라에서 제작된 《논어》 목간보다 대략 한 세기 정도 늦게 제작된 것으로 파악된다. 그리고 일본에서도 약 130센티미터 정도 되는 《논어》 목간이 발견됐는데, 이러한 목간은 관청 등의 관공서에 세워두고 사람들에게 보여주기 위해 제작됐을 것으로 추정된다.

짧은 죽간을 여러 개 묶어서 만든 중국의 《논어》 편철간이 휴대하기 위한 것이라면, 한국이나 일본에서 발견되는 것과 같이 1미터가 넘는 길이의 목간에 4면 혹은 5면에 걸쳐 빼곡하게 《논어》의 글귀를 적어 넣었던 이유는 불특정 다수에게 공개적으로 보여주기 위함이 아니었을까. 즉 지방의 학교나 관청에서 《논어》를 학습 혹은 교육하기 위해

---

* 김해 봉황동 목간은 대략 125~146센티미터 안팎으로, 인천 계양산성의 것은 약 133센티미터로 추정된다.

제작한 것으로, 마치 오늘날의 칠판이나 커다란 교보재와 같은 기능을 했던 교육용 목간이었을 가능성이 있다.

또한 기다란 목간에 《논어》의 특정 장구章句를 한번에 모두 새겨 이제 막 학문의 길에 들어선 초학자가 그 특정 구절을 반복적으로 학습하고 암송하기 편하게 하기 위해 만들었을 것이라는 주장도 있다. 즉 초보 학습자를 위한 맞춤 교재로 볼 수 있다는 것이다. 구체적인 용도에 대해서는 의견이 분분하지만, 고대 삼국의 학생들은 이와 같은 기다란 목간에 새겨진 《논어》의 글귀를 읽고 또 읽으며 학구열을 불태웠을 것이다.

한편 충청남도 부여군 쌍북리에서도 백제시대의 《논어》 목간이 발견됐다. 그런데 이 목간은 앞서 살펴본 신라의 《논어》 목간과 몇 가지 차이점이 있다. 우선 쌍북리 《논어》 목간에는 《논어》의 첫 장章인 〈학이學而〉 편이 쓰여 있으며, 목간의 크기도 28센티미터로 중국 전국시대를 기준으로 한다면 1척 2촌에 해당한다.

《논어》의 구성 : 20개의 편목으로 구성된 《논어》

《논어》는 총 20개의 편목으로 구성된다. 그 내용을 살펴보면 제1편 〈학이〉, 제2편 〈위정爲政〉, 제3편 〈팔일八佾〉, 제4편 〈이인里仁〉, 제5편 〈공야장〉, 제6편 〈옹야雍也〉, 제7편 〈술이述而〉, 제8편 〈태백泰伯〉, 제9편 〈자한子罕〉, 제10편 〈향당鄕黨〉, 제11편 〈선진〉, 제12편 〈안연顔淵〉, 제13편 〈자로子路〉, 제14편 〈헌문憲問〉, 제15편 〈위령공

> 衛靈公〉, 제16편 〈계씨季氏〉, 제17편 〈양화陽貨〉, 제18편 〈미자微子〉, 제19편 〈자장子張〉, 제20편 〈요왈堯曰〉이다.《논어》 목간을 보면 각 편을 구분하기 위해 편의 제목을 한 줄 높게 쓴 것이 확인되는데, 이를 통해 각 편목의 시작과 끝을 쉽게 찾을 수 있게 했다.

목간의 형태로 보아 이 목간은 여러 개의 목간을 편철해 책으로 만든 것도 아니며, 긴 목간에 글귀를 새겨 학습의 편의를 높인 교육용도 아니다. 이것은 한 개인이《논어》를 학습하는 과정에서 그 내용을 베껴 썼던 이른바 '습서용 목간'이었다. 우리도 공부를 시작할 때 책의 첫 장을 가장 열심히 읽고 공부하는 것처럼 당시 이 목간에 글씨를 쓴 백제인도《논어》의 첫 장인 〈학이〉 편을 열심히 반복해 썼던 것으로 보인다. 즉 이 목간에는 약 1500여 년 전《논어》 공부를 막 시작한 초학자의 노력이 담겨 있다.

동아시아 고대인의 삶 속으로 파고든 '공자님 말씀'

> **돌에 새겨진 학습의 맹세, '임신서기석'**
>
> '임신서기석壬申誓記石'은 신라시대 청년들이 임신년에 유교 경전 학습을 다짐하는 내용을 돌에 새긴 것이다. 돌에 새겨진 문

부여 쌍북리 56번지 사비한옥마을 조성 부지 유적에서 출토된《논어》목간
김성식·김지아, 〈부여 쌍북리 56번지 사비한옥마을 조성부지 유적 출토 목간〉,
《목간과 문자》21, 2018, 346쪽

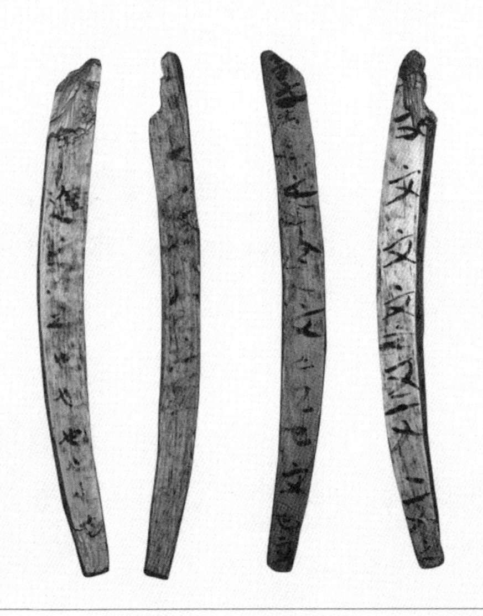

'궁2호' 습서 목간
국립부여박물관·국립가야문화재연구소,《나무 속 암호 목간》, 2009,
70~71쪽

장은 한자의 음과 뜻을 빌리되, 어순은 우리말처럼 쓰는 이두吏讀로 작성돼 있다. 이 돌에 맹세를 새긴 신라의 청년들은《시경詩經》,《상서尙書》,《예기禮記》,《춘추좌전春秋左傳》등의 유교 경전을 공부해 유학의 요체를 체득하고 그것을 몸소 실천할 것을 서약했다. 유학을 추종했던 신라인의 학습 열의를 보여준다.

한반도에서 발견된 고대의《논어》목간이 가지는 의미는 특별하다.《논어》는 공자의 생전 언행을 담은 책으로, 유학 사상의 요체가 담겨 있다. 즉 유교적 소양을 쌓기 위해《논어》학습은 필수적이었으며,《논어》의 수용은 곧 유교 수용의 첫걸음이라고 할 수 있다. 고대 삼국은 모두 유교를 일정 부분 통치의 기반으로 삼았으며, 이것을 바탕으로 율령을 반포하고 국가 체제를 정비했다. 이처럼《논어》를 필두로 한반도에 전파된 유교 사상은 삼국이 율령국가로 나아가고, 국가 통치의 핵심이 되는 문서 행정 시스템을 안착시키는 과정에서 막대한 영향력을 발휘했다.

오랜 시간 땅속에 잠들어 있던 고대의《논어》목간과 죽간은 비단 한국만이 아니라 중국과 일본에서도 발견됐다. 지금까지 한·중·일 삼국에서 발견된 수십만 건의 고대 목간 자료 중에《논어》만이 유일하게 삼국 공통으로 발견되는 전적典籍 자료라는 점에서, 이는 '동아시아 유교 문화권'의 실체를 상징하는 자료로 평가된다. 중국 문화를 수용해 우리 문화로 정착시키고 다시 일본으로 전파하는 고대 동아시아 한자 문화권의 교류 네트워크가《논어》목간을 통해서도 확인되는 것이다. 공자님 '말씀'에서 시작된 유학의 가르침은 작은 나뭇조각에 적혀 한반도와 일본으로 전해졌고, 그렇게 동아시아 세계는 2500여 년에 걸쳐 '공자님 말씀'을 우러르게 됐다.

1934년 경주에서 발견된 임신서기석
신라 화랑이 학문에 전념하고 국가에
충성할 것을 다짐한 내용이 새겨져 있다.
보물제1411호, 국립경주박물관 소장
ⓒ 오택현

조선 명

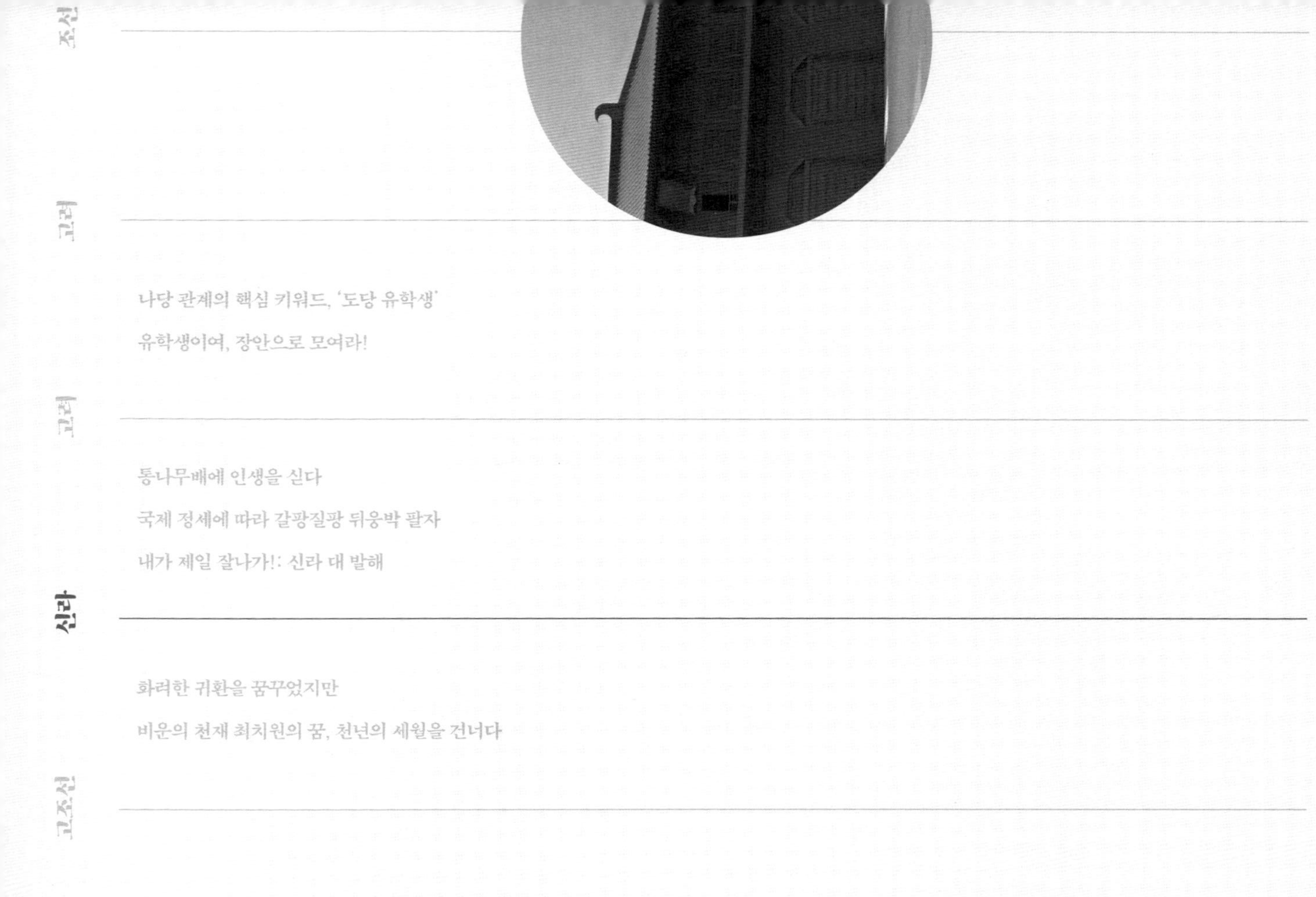

고려 원

나당 관계의 핵심 키워드, '도당 유학생'

유학생이여, 장안으로 모여라!

고려 요·송

통나무배에 인생을 싣다

국제 정세에 따라 갈팡질팡 뒤웅박 팔자

내가 제일 잘나가!: 신라 대 발해

신라 당

화려한 귀환을 꿈꾸었지만

비운의 천재 최치원의 꿈, 천년의 세월을 건너다

고조선 한

조선 대한제국·일제강점기 한국전쟁 북한

도당 유학생, 한중 우호의 상징

이유진

청 청·중국 중국 중국

나당 관계의 핵심 키워드, ‘도당 유학생’

오늘날 많은 젊은이가 세계 여러 나라로 유학留學을 떠난다. 유학의 목적과 방법에는 차이가 있지만 어쨌거나 모국을 떠나 낯선 환경에서 수학하는 것은 쉬운 일이 아니다. 우리 역사에도 수많은 유학생이 있었다. 우리는 유학생이 이른바 ‘선진 학문’을 배우고 ‘선진 문물’을 접한 이들임을 안다. 유학에서 돌아와 배우고 접한 것을 본국에서 펼치고자 했던 몇몇 인물에 대해서도 익히 들어 잘 알고 있다. 그중에서도 ‘도당 유학생渡唐留學生’이라는 말은 아마도 귀에 못이 박히도록 들었을 것이다. 도당 유학생은 말 그대로 ‘당唐(618~907)으로 건너간 유학생’을 뜻한다. 당 태종이 국자감國子監 입학을 주변 국가에 허용한 이래 고구려, 백제, 신라는 앞을 다투어 당에 유학생을 파견했다. 이후 성립된 발해 역시 마찬가지였다. 당과의 관계가 국가의 명운을 좌우할 만큼 중요했기 때문에 국가가 정책적으로 유학을 장려한 면도 있지만, 유학생 개인의 학문적 열망과 출세욕이 작용하기도 했다. 요즘 말로 하면 당시 당은 세계가 주목하는 '핫 플레이스'였다.

특히 신라와 당의 관계에서 도당 유학생은 중요한 키워드로 작용한다. 나당羅唐 관계는 조공과 책봉을 통해 긴밀하게 유지됐다. 양국은 오랜 기간 동안 정치 문화적으로 교류했는데, 이때 도당 유학생이 가교 역할을 한 것으로 인식된다. 실제로 9세기 이후 10세기 초까지는 신라 출신 도당 유학생, 유학승이 많았다. 당 국자감에서 수학하는 유학생 중 신라인이 가장 많았을 뿐만 아니라, 당 빈공과賓貢科 급제자 역시 신라인이 가장 많았다. 이들은 장기간 당에 체류하면서 당의 문물을 익히고 당의 문인, 관료 등과 교류했다. 이러한 경험이 그들이 신라로 귀국해 관직에 진출하고 국정을 운영하는 데 어느 정도 영향을 미쳤다고 할 수 있다. 이들이 신라 말기의 혼란을 거쳐 고려 사회의 성립과 운영에도 주도적인 역할을 했기에 도당 유학 경험은 더욱 주목할 만하다.

이러한 이유로 일찍부터 한중 관계 연구자들은 도당 유학생에 대해 심도 있는 연구를 진행해왔다. 그 결과 많은 연구 성과가 나왔고, 이와 관련된 내용이 교과서에 반영되기도 했다. 시험에 반드시 출제되는, 아니 출제하지 않으면 안 되는 단골 주제가 됐다. 그렇다면 왜 도당 유학생일까? 왜 연구자들은 도당 유학생에 주목했을까? 우리는 왜 고대 한중 관계를 배울 때 도당 유학생을 필수로 배우는 것일까? 왜 도당 유학생이 고대 한중 관계의 핵심 키워드가 됐을까? 이 글은 그에 대한 해답이라기보다는 촘촘히 얽힌 문제를 조금이나마 풀어가기 위한 작은 실마리다. 무심코 암기해온 도당 유학생의 존재가 고대 한중 관계에서 왜 중요한지, 지금 이 시대에 왜 다시금 주목받는지 찬찬히 살펴보려 한다.

유학생이여, 장안으로 모여라!

618년 수隋 말기의 혼란을 수습하고 중원을 통일한 당은 정책적으로 주변 국가들에 개방 정책을 취했는데, 국자감을 외국 유학생에게 개방한 것도 그 일환으로 볼 수 있다. 우선 외국 유학생의 국자감 입학 허용과 관련된 사료를 살펴보자.

> 신이 삼가 태종 문무 성황제太宗文武聖皇帝(당 태종)의 실록을 살펴보건대, 정관貞觀 원년(627, 진평왕 49)에 군신群臣에게 연회를 베풀 적에 파진악破陣樂의 곡을 연주하자 상이 시신侍臣에게 이르기를 "짐이 비록 무공으로 천하를 평정했으나, 끝내는 문덕文德으로 해내海內를 안정시켜야 할 것이다"라고 했습니다. 그러고는 곧이어 학사學舍 수백 칸을 세워 사방의 생도生徒들을 불러 모았는데, 얼마 지나지 않아 제번諸蕃이 선善을 사모해 추장들이 자제를 보내 수업 받게 해달라고 청하자 이를 허락

謝疋段狀
右伏蒙仁恩特賜前件疋段霞舒鳳縷雪疊鮫綃
猥分絳帳之餘俾換褐袍之飾不學王尼巧說遽
叨盧志殊榮唯慙螻蟻之姿不稱蜉蝣之什但願
勵食蘗飲冰之節報披朱拖紫之恩下情無任感
戴兢惕涕泣之至

遣宿衛學生首領等入朝狀
新羅國當國差遣宿衛學生首領入朝請附國子
監習業謹具人數姓名分析申奏如後學生八人
崔慎之等 大首領八人 祈綽等 小首領二人 蘇恩等 右臣伏
東文選 四十七 十九
覩太宗文武聖皇帝實錄貞觀元年宴群臣奏破
陣樂之曲上謂侍臣曰朕雖以武功定天下終當
以文德綏海內尋建學舍數百間聚四方生徒無
何諸蕃慕善酋長請遣子弟授業許之自尒臣蕃
益勤航棧蠉蚑有子琛賮與偕遂得庇身於米廩
之中勵志於稷山之下學其四術限以十冬雖慙
入洛之賢不滅浴沂之數況遇開元闡化大設備
擩挹彼注玆自近及遠每降漢使精擇魯儒兩錫
天章一變海俗故得鄉無毀校之議家有斷機之
親雖扑作教刑儻同刑措且禮聞來學唯兢學優

최치원, 〈숙위학생과 수령 등을 보내어 입조하게 한 장문〉, 《동문선》 권47
당 국자감에 신라 유학생의 입학을 요청한 내용이 기록돼 있다.

했습니다.

- 최치원, 〈숙위학생과 수령 등을 보내어 입조하게 한 장문遣宿衛學生首領等入朝狀〉, 《동문선》 권47

이 글은 신라의 최치원崔致遠이 진성왕(재위 887~897)을 대신해 쓴 외교 문서의 일부다. 이 글에 따르면 무공으로 천하를 평정한 당 태종은 문덕으로 해내(나라 안)를 안정시키고자 했다. 그리고 학사 수백 칸을 세워 학생을 증원하면서 국자감 입학을 주변 국가에도 허용하기로 했다.

당 태종이 이름난 학자들을 불러 국자감 교수로 삼고 학사 1200칸을 증축해 학생을 대거 증원한 후 주변 나라에도 개방하자 많은 유학생이 몰려들었다. 《당회요唐會要》*에서는 이때 여러 나라의 수령首領들이 국자감에 들어갈 것을 청하자 이에 국자감 내에는 8000여 명의 학생이 있어 "국학의 번성함이 근고에 없었다國學之盛近古未有"라고 했고, 《삼국사기三國史記》에서는 "사방의 학자들이 경사京師**에 구름같이 모여들었다於是四方學者雲集京師"라고 표현하기도 했다. 이를 통해 당 주변국 출신 학생들이 국자감에 입학해 수학하기 위해 장안에 모였다는 것을 알 수 있다.

그렇다면 장안에 위치한 국자감에 모여든 유학생은 어느 나라 출신이었을까? 고구려, 백제, 신라뿐 아니라 서역의 중계무역 기지로 번영하고 있던 고창高昌***이나 당과 실크로드 주도권을 두고 겨루던 토번吐番**** 등에서 온 유학생도 있었다.

당은 왜 굳이 유학생을 국자감에 받아들였을까? 당은 도당 유학생에게 서적과 양식을 지원해주었기 때문에 국자감 운영에는 상당한 경

---

* 중국 송 대에 왕부王溥가 당의 법제와 국정에 대한 연혁을 정리한 책이다.

** 당의 도읍인 장안長安을 말한다. 지금의 중국 산시성陝西省 시안西安이다.

*** 중국 서쪽에 있었던 나라. 지금의 중국 신장웨이우얼자치구新疆維吾爾自治區 투루판吐魯番이다.

**** 중국 서남쪽에 있었던 나라다. 지금의 중국 티베트다.

비가 소요됐다. 이를 두고 숭문 정책을 표방한 당의 개방성과 포용성을 짐작할 수 있다고 평가하기도 한다.

그런데 당이 주변 나라들에 국자감 입학을 허가한 이면에는 주변국에 대한 당의 기미羈縻 정책이 있었다고 해석하기도 한다. 앞서 살펴본 사료에 기록된 '숙위학생宿衛學生'이 그 근거다. 숙위학생은 흔히들 말하는 도당 유학생의 기원으로, '숙위'는 숙직을 하면서 궁궐을 지킨다는 군사적 의미가 강한 말이다. 대제국인 당과 그 주변 나라의 관계를 감안해볼 때 숙위학생 파견은 단순한 유학생 파견으로 볼 수 없다. 주변국의 왕족이나 귀족의 자제를 당에 보내 숙위하도록 한 것은 주변국을 당의 영향력 아래 귀속시키고자 한 것이다.

당은 중원을 통일하자 주변 국가를 문화적으로도 당에 동화시켜 동아시아의 질서를 새롭게 세우고자 했다. 나아가 문화 대국으로서 스스로를 선진 국가로 위시할 필요가 있었다. 이런 상황에서 주변 나라에서 스스로 당에 숙위할 것을 청하는 행위는 자신들의 지배질서를 안정시킬 수 있는 좋은 방편 중 하나였다. 그들을 통해 해당 국가의 정보를 취할 수도 있었기에 당으로서는 숙위학생의 수용이 일거양득의 기회였을 것이다.

그렇다면 당 주변 국가들의 입장은 어땠을까? 당 주변 국가들은 숙위를 거절할 수 없었을 뿐 아니라, 오히려 자제를 보내 수업을 받게 해달라고 청했다. 그 결과 국자감에 숙위학생이 구름처럼 모여들었다. 사실 강대국인 당과의 외교 관계에서 주변 국가들이 취할 수 있는 실질

중국 산시성 시안 소재 대명궁大明宮 남문인 단봉문丹鳳門
국자감이 있었던 장안(지금의 시안)에 당 주변국의 숙위학생들이 모여들었다.
ⓒ 이유진

적인 방법은 그리 많지 않았다. 인질제도나 다를 바 없는 숙위학생으로 고위층의 자제를 당에 보낼 수밖에 없었을 것이다.

그러나 시간이 흐르자 도당 유학생은 인질이라는 본래의 기능과 의미가 점차 퇴색해 당 국자감에서 공부하는 것이 주목적이 됐다. 숙위학생에게는 당과 본국의 지원을 받으며 선진 학문을 수학하고 선진 문물을 수용할 수 있는 기회였다. 그리고 당 과거에 합격하면 당에서 관직에 진출할 수 있었으며, 귀국 후 본국에서 관직을 얻을 수 있는 가능성도 높았다.

개방적인 문화 대국을 표방하면서 주변국의 고위층 자제를 숙위학생으로 받아들여 동아시아 질서의 안정화를 꾀했던 당, 강대국 당과의 외교 관계에서 별다른 선택지가 없었던 주변국, 당과 본국의 지원을 받으며 수학할 수 있었던 유학생. 각자 다른 곳을 지향하던 국제 정세 속에서 많은 유학생이 국자감이 있는 당 장안으로 모여들 수밖에 없었던 것이다.

통나무배에 인생을 싣다

《삼국사기》에 따르면 신라는 선덕왕 9년(640) 당에 공식적으로 첫 유학생을 파견했다. 왕은 자제들이 당 국자감에 입학해 수학하기를 바랐다. 이때 자제의 신분이 무엇인지는 불분명하지만, 대부분 고위층이었을 것이다. 일반적으로 신라가 고위층 자제들을 당 국자감으로 보낸 목적은 선진 학문을 수학하고 선진 문물을 수용하는 한편, 당과의 동맹을 유지하기 위한 외교적 접근의 일환이라고 인식된다.

당시의 외교 문서나 금석문 등을 보면 신라인은 도당 유학을 '서학西學'이라 표현했다. 서학은 신라의 서쪽에 위치한 당의 선진 학문과 사상을 배우고 익히는 행위를 말한다. 이 용어는 유학·불교佛敎·율학律學·산학算學·음양학陰陽學·서학書學 등을 포괄하는데, 구체적으로 예禮·악

樂·문장文章 등을 수학하는 것을 의미했다. 최치원이 남긴 기록을 통해 신라인 스스로 도당 유학을 어떻게 생각했는지 짐작할 수 있다.

> 동방의 사람들이 서학西學 하려는 것은 오직 예禮와 악樂인데, 여력이 있으면 문장文章을 공부해 정음正音으로 언어를 변화시킨다.
>
> - 최치원, 〈숙위학생과 수령 등을 보내어 입조하게 한 장문〉, 《동문선》 권47

> 당 조정에 주문奏文을 올리거나 사행使行을 맞이함에 있어서는 모름지기 서학西學의 통변通辯에 의거해야만 바야흐로 동이東夷의 실정을 전달할 수 있다.
>
> - 최치원, 〈숙위하는 학생을 번국으로 방환해주기를 주청한 장문奏請宿衛學生還蕃狀〉, 《동문선》 권47

이 두 사료에서 최치원은 도당 유학을 '서학'이라고 했고, 서학 하려는 목적을 '예와 악을 배우기 위함'이라고 했으며, 당 조정에 주문을 올리거나 사행을 맞이할 때는 '서학의 통변'이 필요하다고 했다. 이처럼 도당 유학생은 신라와 당 사이의 국제 관계에 있어서 인적 매개체가 되었다.

한편 도당 유학생 선발은 국가 차원에서 주관했다. 하지만 아쉽게도 도당 유학생의 국내 선발 과정에 대한 전모를 파악할 수 있는 사료는 발굴되지 않았다. 다만 여러 문헌에 산재된 사료와 지금까지의 연구 성과를 바탕으로 어느 정도 이해가 가능하다. 먼저 도당 유학생은 국내에서 일차적으로 선발한 후 당에 보낼 유학생의 성명, 학문 수준, 특기 등을 기재한 서류를 작성해 추천하는 것이 정례였다. 국가 차원에서 선발하고 추천하는 형식이었던 만큼 도당 유학생은 일정 수준의 학식뿐만 아니라 가문이 뒷받침됐을 것으로 추정된다. 그리고 이 서류를 당에 보내 이들을 당 국자감에 입학시켜줄 것을 요청했다. 당은 일정한 심사를 거쳐 그들 가운데 일부를 선정해 국자감에 입학시켰다.

한편 최종 선발된 도당 유학생이 장안으로 가는 길은 매우 험난했다. 국보 제47호인 '하동河東 쌍계사雙磎寺 진감선사탑비眞鑑禪師塔碑'의 내용 중 신라 유학생이 "서쪽 큰 바다를 건너 통역을 거듭해 학문을 좇아, 목숨은 통나무배에 기대고 마음은 보배의 고장으로 향했다"라고 한 표현은 결코 허무맹랑한 과장이 아니었다. 당시 풍랑, 해적 등으로 인해 몇 번씩 도당이 좌절되는 사례가 여러 문헌에서 발견된다. 그 외에 기록에 없는 사고도 있었을 것이다. 그런 위험을 감수하고 도당 유학생은 통나무배에 인생을 실었다.

이런 과정을 거쳐 당에 도착한 유학생은 홍려시鴻臚寺*의 관리하에 국자감에 들어가 유학 경전과 역사, 문장 등을 공부했다. 이들의 체류 기한은 10년이었고, 10년 이내에 과거에 급제하면 당에서 관직에 나아

* 외국 사절의 접견과 영접 등 각종 외교 업무를 담당하던 당의 관청이다.

갈 수 있었다. 그러나 체류 기한 10년 동안 과거에 급제하지 못한 유학생은 본국으로 귀국해야만 했다.

10년 동안 과거에 급제하지 못하고 귀국해야 하는 도당 유학생의 경우 당으로 유학을 올 때의 절차와 마찬가지로 본국의 공식 요청과 당의 허가가 필요했다. 최치원이 작성한 〈숙위하는 학생을 번국으로 방환해 주기를 주청한 장문〉은 숙위 습업학생習業學生 네 사람의 방환을 주청한 글이다. 이 글에서는 888년 당에서 돌려보낸 김소유金紹游 등의 사례를 들어 김무선金茂先 등 네 사람에 대한 방환을 공식 요청했다.

당 과거에 합격하지 못하고 본국으로 돌아오는 도당 유학생이 있었음에도, 신라 출신 도당 유학생 파견은 계속 이어졌다. 특히 8세기 중엽 이후에는 신라와 당의 관계가 안정된 만큼 도당 유학생 수도 다른 주변국과 차별될 정도로 이례적으로 급증했다.

여기서 신라 골품제의 모순이 자연스럽게 드러난다. 엄격한 신분제도인 골품제가 사회의 근본으로 기능하는 신라에서는 그것이 굴레로 작용해 실력과 능력이 출세의 기준이 될 수 없었다. 즉 당시의 '스펙'은 실력과 능력이 아닌 뼛속 깊숙이 새겨진 혈통이었다.

이러한 골품제의 모순은 두품 출신의 관직 진출에 큰 제약 요건이었다. 그들은 그 제약에서 벗어나는 방도의 하나로 도당 유학을 선택했다. 당에서 선진 학문을 수학하고 이를 바탕으로 당 관직에 진출하고자 했다. 그것이 실현되지 않더라도 당에서 수학한 경력은 본국으로 돌아온 후 관직 진출에 도움이 되기도 했다. 원성왕 5년(789) 당에서 유학했던 자옥子玉을 양근현楊根縣 소수小守*로 삼으려 했으나, 집사사執事史 모초毛肖가 "문적文籍** 출신이 아니므로 지방 관직을 맡길 수 없다"라며 반대했다. 그러자 시중이 "비록 자옥이 문적 출신은 아니지만 일찍이 당에 가서 학생이 됐으니 가히 쓸 만하지 않으냐"라는 건의에 따라 결국 관직을 제수했다. 그리고 애장왕 원년(800)에는 숙위학생 양열梁悅을 두힐현豆肹縣*** 소수로 제수한 예도 있다.

국제 정세에 따라 갈팡질팡 뒤웅박 팔자

근본적으로 도당 유학생 파견은 국제 정세에 따라 크게 좌우될 수밖에 없었다. 먼저 본국에서 도당 유학생을 추천하고 그 후 당에서 허가하는 절차를 따라야 했기에 주변국과 당의 관계가 변화하면 도당 유학생 파견 역시 달라졌다. 앞에서 언급했듯이 신라가 당에 처음으로 공식적인 유학생을 파견한 것은 선덕왕 9년(640)으로, 당 태종의 국자감 개

---

* 양근현은 지금의 경기도 양평을 말하고, 소수는 신라 때 지방관 중 하나로 현령縣令과 격이 비슷한 관직이다.

** 문적에 대해서는 국학으로 보는 견해와 독서삼품과로 보는 견해가 있다.

*** 지금의 전라남도 고흥군 두원면 혹은 전라남도 나주시 다시면으로 추정된다. 여기서는 어느 곳을 가리키는지 명확히 알 수 없다.

방 정책과 더불어 신라의 유학생 파견 요청이 받아들여졌던 것으로 보인다. 당 건국(618) 이후 신라 진평왕이 처음으로 견당사遣唐使를 보내(621) 국제 정세에 대응하고자 했고, 이후 여러 차례 크고 작은 규모의 사절을 보내 우호 관계를 맺은 결과이기도 했다. 더욱이 신라가 당의 제도와 문물을 적극적으로 받아들여 진덕왕 3년(649) 신라 고유의 의관衣冠을 당의 것으로 바꾸고, 이듬해에는 당의 연호年號를 채택한 것 등으로 볼 때 신라는 점차 당의 질서에 귀속되고 있었다.

하지만 나당전쟁(670~676)으로 인해 신라와 당 사이가 극도로 긴장된 상태에 빠지자 도당 유학생 파견에 커다란 장애가 됐다. 더구나 문무왕 15년(675) 당의 설인귀薛仁貴가 신라의 도당 유학생 김풍훈金風訓을 길잡이로 이용해 신라를 침략하는 일까지 발생했다. 신라 입장에서 도당 유학생은 국가에 득이 될 수도, 실이 될 수도 있는 시기였다. 따라서 나당전쟁 이후 신라에서는 한동안 도당 유학생을 파견하지 않은 것으로 보인다. 신라에서 도당 유학생 파견을 청하지 않았을 것으로 추정될 뿐만 아니라, 청한다고 해도 당에서 받아들이지 않았을 것이다.

단교나 다름없을 정도로 악화된 양국의 관계는 쉽게 회복되지 않았다. 신문왕 12년(692)에는 당에서 무열왕의 묘호廟號가 본분에 맞지 않게 당 태종의 것과 같다 하여 바꿀 것을 요구했는데, 신라는 이에 응하지 않았다. 효소왕(재위 692~702) 대에도 견당사는 한 차례밖에 파견하지 않았다.

신라와 당의 관계가 회복된 것은 성덕왕(재위 702~737) 대부터였다.

빈번한 사절 왕래를 통해 나당 관계가 재정립됐다. 양국의 친선 관계가 회복된 계기는 무엇보다 발해의 등장 때문이라고 할 수 있다. 성덕왕 31년(732) 발해가 당의 등주登州를 공격했다. 당은 신라에 출병을 요청했고, 신라가 이에 응하면서 자연스레 양국의 관계는 회복될 기미가 보였다. 이후 성덕왕 34년(735) 당은 패강浿江(대동강) 이남 지역을 신라의 영토로 인정했다. 이러한 분위기 속에서 신라는 성덕왕 재위 때만 무려 40차례나 당에 사신을 파견했다.

성덕왕 대에 도당 유학생 파견 역시 재개된 것으로 보인다.《삼국사기》〈신라본기〉에 "성덕왕 27년(728) 7월, 아울러 (신라) 자제들의 (당) 국학(국자감) 입학을 청하는 표문을 보내니 조칙으로 이를 허락했다"라는 기록이 있는 것으로 보아 도당 유학생 파견이 재개됐음을 알 수 있다. 이후 신라와 당의 관계는 당이 멸망할 때까지 밀접하게 유지됐다. 사신들이 빈번하게 오가며 정치적 교섭이 이루어지듯이, 도당 유학생도 자주 오가며 문화 수용과 교류 또한 활발했다.

여기서 주목할 점은 나당 교류가 활발해지면서 발생한 당 유학 붐 현상이다. 특히 9세기 이후 수많은 신라 출신 유학생이 당으로 건너갔다.《당회요》에 따르면 희강왕 2년(837) 3월 당 국자감에서 수학하는 신라 출신 도당 유학생은 216명에 이르고,《삼국사기》에 따르면 문성왕 2년(840) 당 문종은 홍려시에 조서를 내려 질자質子(볼모)와 체류 기한이 만료돼 귀국하는 학생 총 105명을 신라로 돌려보내도록 했다. 신라에서 도당 유학생 파견이 빈번하게 이루어졌고, 또 한번에 100명이 넘는 인원의 귀국 조치가 이루어졌다는 기록으로 미루어 그만큼 신라인의 도당 유학이 성행했다는 사실을 단편적으로나마 알 수 있다.

내가 제일 잘나가! 신라 대 발해

당 국자감에는 신라 출신 유학생만 있었던 것이 아니다. 당 태종 대에 국자감이 개방되자 고구려, 백제, 신라, 고창, 토번 등 주변 여러 나라의 유학생이 국자감으로 모여들었다. 그 이유는 외교 차원이면서도 개인적인 신분 상승 욕구 때문이기도 했다. 이유야 어쨌든 그들은 국자감에 입학한 이상 서로가 경쟁 상대일 수밖에 없었다. 이른바 외국 출신 유학생을 대상으로 하는 당의 빈공과를 통해 당에서 관직에 진출할 수 있는 기회가 주어졌기 때문에 도당 유학생은 서로를 견제할 수밖에 없었다.

그중에서도 주목할 만한 것이 신라와 발해의 유학생이다. 당을 중심으로 한 동아시아의 국제관계 속에서 신라와 발해는 경쟁 구도를 취했는데, 이는 두 나라의 도당 유학생에게도 영향을 미쳤다. 신라는 '군자의 나라君子之鄕', '인의의 나라仁義之鄕'임을 자부하며 당에 가장 많은 유학생을 파견했으며, 동시에 가장 많은 수의 빈공과 급제자를 배출했다. 《동사강목東史綱目》에 따르면 821년 김운경金雲卿이 빈공과에 급제한 이후 821년부터 907년까지 신라 출신 빈공과 급제자가 58명에 달했다.

그런데 발해가 도당 유학생을 파견하면서 신라와 발해의 대결 구도가 형성됐다. 《신당서新唐書》에는 "(발해는) 왕이 자주 학생들을 경사의 태학太學에 보내어 고금古今의 제도를 배우고 익히게 하니, 이때에 이르러 해동성국海東盛國이 됐다"라고 했다. '바다 동쪽의 번성한 나라'라는 뜻의 해동성국은 당이 발해를 이르던 말로, 이 기록에 따르면 발해가 해동성국이 될 수 있었던 이유는 당에 유학생을 보내 수학하게 한 것과 직결된다.

신라와 발해의 서로 치열했던 대결상은 신라에서 당 소종에게 보낸 외교 문서를 보면 알 수 있다. 최치원이 작성한 〈북국(발해)에 상석을 허락하지 않은 것을 감사하는 표문謝不許北國居上表〉(《동문선》 권33)에 따르면, 897년 발해 왕자 대봉예大封裔가 장문을 올려 국명國名의 서열에서 발해가 신라보다 위에 있도록 허락해주기를 청했다. 그러자 당은 "국명의 선후는 본래 강약을 따져 칭하는 것이 아니다. 조제朝制*의 순서를 어찌 성쇠盛衰로 고칠 수가 있겠는가. 마땅히 옛 관례대로 할 것이다"라는 내용의 칙지勅旨를 내리며 이를 거절했다. 신라는 이 소식을 듣고 당에 감사의 표문을 쓰며 발해를 맹렬히 비난했다.

신라와 발해의 국가 간 자존심 대결이 '누가 상석에 자리하는가?'였다면, 도당 유학생 간의 자존심 대결은 '누가 빈공과에서 수석을 차지

---

* 조정의 제도를 의미한다. 특히 여기서는 당에서 제정한 국명의 선후를 뜻한다.

하는가?'였다. 과거 빈공과의 합격자 발표 방식이었던 '금방金榜'에서 어느 나라의 누가 수석 자리를 차지했는가는 그 시험을 본 이들의 나라에게 매우 민감하고 중요한 사안이었다.

875년 발해의 도당 유학생 오소도烏昭度가 신라 출신 도당 유학생 이동李同을 제치고 빈공과에서 수석을 차지했다. 이 경쟁의 후일담이 더욱 흥미롭다. 906년 최치원의 사촌동생 최언위崔彦撝가 발해 오소도의 아들 오광찬烏光贊과 함께 급제했는데, 급제자 명단에 최언위가 오광찬보다 위에 있었다. 마침 당에 입조한 오소도는 표문을 올려 자신의 아들 오광찬의 이름을 최언위보다 위로 올려달라고 청했다. 그러나 당은 최언위의 재주와 학식이 오광찬보다 우위임을 들어 거절했다. 이 사건은 빈공과의 급제, 더 나아가서는 합격 순위를 두고 국가 차원에서 경쟁하고 있었음을 보여준다.

신라의 왕도 마찬가지로 빈공과 수석에 큰 관심을 보였다. 최치원이 쓴 〈신라 왕이 당 강서 고 대부*에게 보내는 장문新羅王與唐江西高大夫湘狀〉(《동문선》 권47)은 박인범朴仁範과 김악金渥을 빈공과에 합격시킨 당 강서대부江西大夫 고상高湘에 대한 신라 왕의 감사 서신이라 할 수 있다. 이 장문에서 신라 왕은 신라 출신 이동이 발해 출신 오소도에게 빈공과 수석을 내주었던 일을 두고 '사방의 조롱거리가 됨은 물론, 길이 일

* 당 강서관찰사 고상을 강서 고 대부로 지칭했다. 고상은 876년(헌강왕 2) 빈공과 감독관을 맡았다. 이해에 박인범과 김악이 급제한 것으로 추정된다.

국의 수치로 남을 것'이라며 탄식했다.

화려한 귀환을 꿈꾸었지만

당 국자감에서 일정 기간 수학한 도당 유학생이 당 관직에 진출하기 위해서는 빈공과를 치러야만 했다. 빈공과 급제는 당으로부터 일정한 자격과 지식을 공식적으로 인정받음을 의미했다. 하지만 그들에게 제수된 관직은 그리 중요하지 않은 자리에 그치는 경우가 많았다. 그럼에도 도당 유학생은 빈공과에 급제해 당에서 관직에 나아가려 했다. 빈공과 급제라는 객관적인 자격을 획득하면 관직과 안정된 생활을 확보할 수 있었기 때문이다.

시간이 흐르면서 신라 출신 도당 유학생의 신분은 두품 출신이 대다수였고, 이들의 유학 목적은 신라의 골품제에서 벗어나 당에서 자신의 능력을 최대한 펼칠 수 있는 기회를 얻으려는 것이었다. 게다가 당에서 벼슬을 얻고 신라로 돌아오면 좀 더 나은 대접을 받을 수 있었다.

도당 유학생 가운데 빈공과에 합격해 당의 관직을 제수받은 이들은 그것을 매우 명예롭게 생각해 겉으로 드러내고자 했다. 신라로 돌아와서도 당에서 받은 관직을 스스로 소개한다거나 나아가 신라에서 받은 관직이 있어도 당에서 받은 관직을 함께 쓰기도 했다.

또한 그들은 당에서 입수한 정보와 당인과의 교류를 통해 이루어진 네트워크를 드러내기도 했다. 일례로 최치원은 신라로 돌아온 이듬해에 헌강왕에게 당에서 썼던 글을 정리해 총 28권을 헌상했다. 그는 이 문집을 통해 재당 시기 문한文翰을 담당했던 자신의 식견, 활동상, 교유交遊 관계 등을 왕에게 알려 자신의 위상을 높이고자 했을 것이다. 즉 자신이 당의 현실을 자세히 파악하고 있음을 드러내는 동시에 재당 시기 자신과 사귀었던 지인과의 관계를 수록해 당에 자신의 인적 네트워크가 존재한다는 점을 알리고자 한 것이다. 이와 같이 도당 유학생은 당에서의 권위를 내세우며 신라로의 화려한 귀환을 꿈꾸었을 것이다. 다음 시를 한번 살펴보자.

예로부터 금의환향을 자랑하지만	自古雖誇晝錦行
장경과 옹자라는 허명을 점했을 뿐	長卿翁子占虛名
이미 국신을 받들고 가신까지 얻었으니	旣傳國信兼家信
가문의 영광을 넘어 나라의 영광이라	不獨家榮亦國榮
만 리 비로소 돌아갈 기회를 얻었으나	萬里始成歸去計
마음 한편에는 다시 돌아올 길을 먼저 생각하네	一心先算却來程
저 멀리 깊은 은혜를 생각하며 바라보니	望中遙想深恩處
세 봉우리 선산이 눈가에 아른거리네	三朶仙山目畔橫

- 최치원, 〈산양에 행차해 태위가 잇달아 옷감을 보내면서 어버이를 뵙고 축수하는 신물로 삼게 했음을 삼가 사례한 시行次山陽續蒙太尉寄賜衣

段令充歸覲續壽信物謹以詩謝〉,《계원필경집桂苑筆耕集》권20

이 시는 최치원이 신라로 돌아가는 길에 들른 당 산양에서 태위에게 선물을 받고 감사하며 지은 것이다. 최치원은 '국신을 받들고 가신까지 얻어' 귀국길에 올랐는데, 시문에서 자신을 두고 '가문의 영광을 넘어 나라의 영광'이라 표현할 만큼 스스로 자부심을 느끼고 있었다.

하지만 실상 본국으로 귀환한 도당 유학생을 기다리는 것은 신분제의 그늘이었다. 화려한 귀환을 꿈꿨던 이들은 신라로 돌아와 외직外職이나 문한직文翰職에 종사하는 데 그쳤다. 사실 신라에서 도당 유학생에게 기대한 것은 당에서 예·악과 문장을 배워 외교 업무를 맡고 종신토록 글을 쓰는 문한직에 종사하는 것이었다. 결국 두품 출신 도당 유학생은 신분의 한계를 뛰어넘고자 유학을 택했고, 화려한 미래를 꿈꾸며 신라로 돌아왔지만 문한직·근시직·외직 등으로밖에 나아가지 못했다. 그들은 실질적으로 정치 운영의 핵심에서 소외됐다.

6두품의 대표 인물로 알려진 최치원 역시 이러한 한계에 봉착할 수밖에 없었다. 그는 6두품의 한계를 극복하고자 당 유학을 떠나 빈공과에 급제했다. 당에서 관직 생활을 하다가 본국으로 귀환해 관직을 얻었지만 문한직과 외직에 지나지 않았다. 이러한 상황에서 진성왕 8년(894) 그가 제시한 '시무 10여 조' 역시 전적으로 수용됐다고 보기는 힘들다.

최근 연구에 따르면 신라 사회는 외래문화 수용에 개방적이면서도,

오래된 골품제의 운영 원리와 충돌하는 것은 배척하는 경향이 강했다. 또한 두품 출신이 대부분이었던 도당 유학생 역시 신라의 골품제 체제 내에서 지배층의 일부로 특권을 향유하는 계층임은 분명했지만, 진골과는 신분 격차가 있었다. 이러한 점에서 최치원이 제시한 '시무 10여조'는 더욱 한계가 있을 수밖에 없었다. 결국 골품제의 영향에서 벗어날 수 없었던 도당 유학생에게 신라는 자신들이 발휘할 수 있는 역량이 제한되는 공간이었다.

9세기 후반 신라는 극심한 정치적, 사회적 혼란기에 들어섰다. 진성왕 3년(889)에는 여러 주·군에서 공부貢賦(나라에 바치던 물건과 세금)를 바치지 않는 등 지방 통제력이 약화됐다. 이때를 틈타 지방 세력, 소위 호족이 대두했다. 이 시기 골품제의 벽에 부딪혀 역량 발휘의 기회가 제한된 도당 유학생 가운데 호족과 결탁하는 이들이 생겨나는가 하면, 은거를 택하는 이들도 있었다.

비운의 천재 최치원의 꿈,
천년의 세월을 건너다

신라가 낳은 천재지만 신분 차별로 인해 뜻을 펼치지 못한 비운의 인물 최치원. '최치원=6두품→신분 차별→당 유학→빈공과 수석 급제→당 관직 진출→귀국→개혁 시도→좌절'이라는 공식이 있을 정도로 최치원은 대표적으로 알려진 도당 유학생 출신이다. 그는 6두품으로 신분의 한계를 느끼고 당으로 유학을 떠나 빈공과에 수석으로 급제해 관직에 진출했고, 그 후 신라로 귀국해 개혁을 시도했으나 결국 좌절을 맛본 인물로 널리 알려져 있다.

하지만 최치원이 한중 관계에서 차지하는 위상을 아는 사람은 많지 않다. 이를 살펴보기 위해 우선 그의 행적을 살짝 들여다보자. 신라 최고의 문인 최치원이라는 이름은 너무나 귀에 익지만, 최치원이 고작 12세에 당으로 유학을 떠났다는 사실을 아는 사람은 드물다. 그의 아버지 최견일崔肩逸은 아들 최치원을 유학 보내며 "10년 안에 과거에 합격하지 못하면 내 아들이라고 말하지 마라. 나 또한 아들이 있었다고 말하지 않으리라. 가서 게을리 하지 말고 부지런히 노력하라"라고 당부했다.

그는 도당한 지 불과 6년 만인 874년 빈공과에 수석으로 급제했다. 그는 스스로 '남이 백을 하면 나는 천을 하는人百己千' 노력을 했다고 말했다. 급제 이후 당에 남아 관직에 진출했는데, 첫 부임지는 선주宣州 율수현溧水縣(지금의 중국 장쑤성 난징시南京市 리수이구溧水區)이다. 그러다가 880년부터 4년 동안 회남절도사淮南節度使 고변高騈 막하幕下에서 종사관을 역임했다. 이 시기에 당이 황소黃巢의 반란을 제압하고자 고변을 파견했는데, 이때 최치원은 고변을 대신해 〈격황소서檄黃巢書〉를 지었다. 〈격황소서〉는 이 격문을 보고 적장 황소가 너무 놀라 침상에서 굴러 떨어졌다는 이야기가 전해질 정도로 황소의 간담을 서늘하게 한 명문으로, 최치원의 명성을 천하에 떨치게 한 글이었다. 이를 두고 최근에는 최치원이 '최초의 한류 스타'였다고 말하기도 한다.

885년 신라로 돌아온 그는 이듬해인 886년 당에서 지었던 글을 정리해《계원필경집》20권,《중산복궤집中山覆簣集》5권 등 총 28권을 헌강왕에게 바치고 신라에서 관직에 등용됐다. 여러 관직을 거치던 그는 894년 진성왕에게 그 유명한 '시무 10여 조'를 올렸다. 이에 진성왕이 기뻐하며 6두품 출신이 오를 수 있는 최고의 관등인 아찬阿飡을 제수했다. 그런데 익히 알다시피 그가 제시한 '시무 10여 조'는 좌절됐고, 그는 외직으로 돌다가 결국 은거를 택하게 됐다.

이처럼 신라가 도당 유학생에게 기대한 것은 신분제의 질서를 넘어서는 것이 아니라, 당에서 예·악과 문장을 배워 외교 업무를 맡고 종신토록 글을 쓰는 문한직에 종사하는 것이었다. 최치원 역시 좌절을 겪고 은거했기에 시대를 잘못 만난 비운의 천재로 지칭된다.

그런데 최근 들어 한중 문화 교류의 대표적 인물로 최치원이 떠오르고 있다. 그의 꿈과 재능, 업적이 천년의 세월을 건너 한중 교류의 새로운 매개로 되살아나고 있는 것이다. 그의 활동 무대였던 지금의 중국 장쑤성 난징시 리수이구와 장쑤성 양저우시揚州市는 최치원을 신라와 당 교류의 대표적 인물로 기념하고 있다. 당에서 최치원의 첫 부임지였던 리수이구에 가면 그의 동상을 볼 수 있는데, 2000년 한국과 중국의 대학교수와 최치원의 후손이 세운 것이다. 당시 중국 측은 "한중 교류사에서 가장 우호적 사례로 꼽히는 고운孤雲 선생의 업적을 기리

장쑤성 난징시 소재
최치원 동상
ⓒ 이유진

장쑤성 양저우시 소재
최치원기념관의
최치원 동상
ⓒ 이유진

장쑤성 양저우시 소재
최치원경행처 비석
ⓒ 이유진

기 위해 장쑤성 인민정부의 협조를 얻었다"라고 밝혔다. 그리고 2007년 중국은 최치원의 사상과 문학을 널리 알리기 위해 양저우시에 최치원기념관을 건립했다. 이 기념관은 중국의 중앙정부가 최초로 허가한 외국인 기념관이어서 큰 주목을 받았다. 또한 최치원기념관 근처에 그가 거닐던 길을 기념해 '최치원경행처崔致遠經行處'라고 새겨진 비석을 세우기도 했다.

그중에서도 백미는 중국의 국가주석 시진핑習近平이 최치원을 수차례 언급하며 한중 교류의 역사성을 강조한 것이다. 2013년 열린 한중 정상회담에서 시진핑은 최치원의 한시 〈범해泛海〉를 인용하며 한국과 중국 간의 역사성을 강조했고, 또 2014년 서울대학교 특강에서는 최치원을 한중 사이의 상징 인물로 언급했다. 또한 2015년 서울에서 열린 '중국 방문의 해' 개막식 축하 메시지에서는 한중 문화 교류는 유구한 역사를 가진다면서 최치원의 한시로 알려진 〈호중별천壺中別天〉을 소개했다.

천년의 세월을 뛰어넘어 한중 문화 교류의 대표 인물로 자리 잡은 최치원. 그가 어린 나이에 당 유학을 결심하며 꾸었던 꿈은 무엇일까? 빈공과에 급제해 당에서 인적 교류를 쌓으며 네트워크를 형성하고, 신라로 귀국한 후 이를 발판으로 삼아 입신양명하며, 나아가 신라가 직면한 현실 문제를 해결해 조국의 무궁한 영광과 번영을 꿈꾸지 않았을까? 그 시작은 바로 도당 유학에 있었다.

고조선 · 신라 · 고려 · 고려 · 조선

한 · 당 · 요·송 · 원 · 명

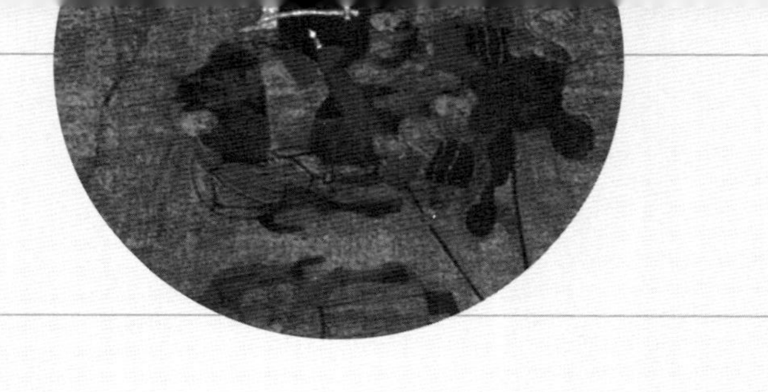

동아시아의 패권 다툼

큰형님들의 천하, 요와 송

고려의 줄다리기, 요와 송 사이에서

골목대장 고려, 자신만의 천하를 그리다

또 다른 강자의 등장, 천하 공존 시대가 저물다

조선 대한제국·일제강점기 한국전쟁 북한

골목대장 고려의 줄다리기

10~12세기 동아시아의 국제 질서와 고려의 위상

현수진

청 청·중국 중국 중국

한국 역사상 국제관계가 가장 골치 아팠던 시기는 언제일까? 현대를 논외로 한다면 아마도 10~12세기를 꼽을 수 있을 것이다. 이 시기 한반도에 있었던 고려高麗는 서쪽으로는 송宋, 북쪽으로는 거란契丹, 동쪽으로는 일본日本과 접해 있었다. 이뿐만 아니라 고려와 북쪽으로 국경을 접한 여진女眞은 시시때때로 부상을 꿈꾸고 있었다. 고려는 이러한 국가들 사이에서 자국의 안위와 이익을 지켜야 했다. 게다가 형식적으로나마 평등한 위치에서 국제관계를 맺는 현대 국가와는 달리, 전근대 동아시아 사회에서는 조공-책봉 시스템 속에서 각 국가 간의 명확한 상하 관계를 규정해야 했다. 송이든 거란이든, 누가 동아시아의 패권을 쥐든 간에 고려는 사대事大할 나라를 정해야 했던 것이다.

언뜻 생각해보면 다른 나라의 밑으로 들어간다는 사실은 매우 자존심 상하는 일이 틀림없다. 그나마 송과 같이 문화적으로 '우수'하다고 여기는 나라를 상국上國으로 대하는 것은 괜찮을지도 모른다. 그렇지만 거란이나 여진과 같은 야만족에게 복속하다니! 현대인의 감수성으로는 도저히 이해하기 어려운 일이다. 그러나 고려인은 국제관계 속에서 사대국을 정하는 것도, 그 사대국이 거란이라는 것도 크게 개의치 않았다. 그뿐 아니라 고려인은 다른 나라를 사대국, 즉 천자天子(하늘의 아들)가 통치하는 천하天下로 인정하면서도, 고려가 또 다른 천하를 거느린다고 생각하기도 했다. 언뜻 모순돼 보이는 이러한 생각이 어떻게 가능했을까? 천년의 시간을 뛰어넘어 복잡다단한 국제 정세 속에서 살아갔던 고려인의 생각 속으로 들어가보자.

동아시아의 패권 다툼

907년 세계 제국 당이 멸망한 후, 중국은 이른바 '5대 10국'이라고 불리는 군웅할거의 시대로 들어섰다. 당을 멸망시킨 주전충은 후량後梁을 건국했으나 오래가지 못하고 이존욱에게 무너졌다. 이존욱은 후당後唐을 건국했으나 내정의 혼란을 겪다가 석경당에 의해 멸망했고, 석경당은 마침내 후진後晉을 세웠다.

석경당의 후진은 중원의 패권을 장악하기 위해 유목민족인 거란과 거래했다. 거란은 후진에 군사력을 빌려주는 대신, 비단 30만 필이라는 막대한 조공을 받기로 약속했다. 게다가 거란은 후진에게 '연운燕雲

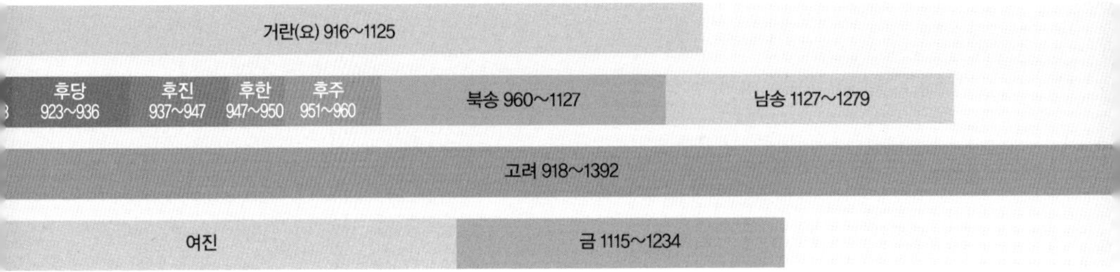

거란(요) 916~1125

후당 923~936 | 후진 937~947 | 후한 947~950 | 후주 951~960 | 북송 960~1127 | 남송 1127~1279

고려 918~1392

여진 | 금 1115~1234

10~13세기 동아시아의 주요 왕조

16주'라는 지역도 받기로 했다. 연운 16주는 지금의 베이징北京에서 산시성山西省 북부에 걸쳐 있는 중원의 노른자 땅이었다.

거란은 이 연운 16주를 차지함으로써 중국 본토에 들어갈 발판을 마련했다. 나라 이름도 중국식 이름인 '요遼'로 바꾸었다. 든든한 군사력과 재정, 커다란 영토를 차지한 요의 다음 과제는 후진을 멸망시키는 것이었고, 결국 947년에 후진을 멸망시켰다. 거란의 중원 정복에 방해가 되는 동쪽의 발해는 926년에 이미 멸망시킨 뒤였다.

요가 발해와 후진을 멸망시키며 자국의 입지를 쌓아 나가는 사이, 중원 남쪽에서는 당의 절도사였던 유지원이 947년 후한後漢을 건국했다. 그러나 후한은 950년 곽위에 의해 멸망했고, 곽위는 후주後周를 건국했다. 후주의 명군 세종은 중원의 통일을 꾀했으나, 세종 사망 후 근위 대장이었던 조광윤이 쿠데타를 일으켜 후주가 멸망했다. 조광윤이 세종의 아들 공제에게 선양을 받아 960년에 세운 나라가 바로 송宋이

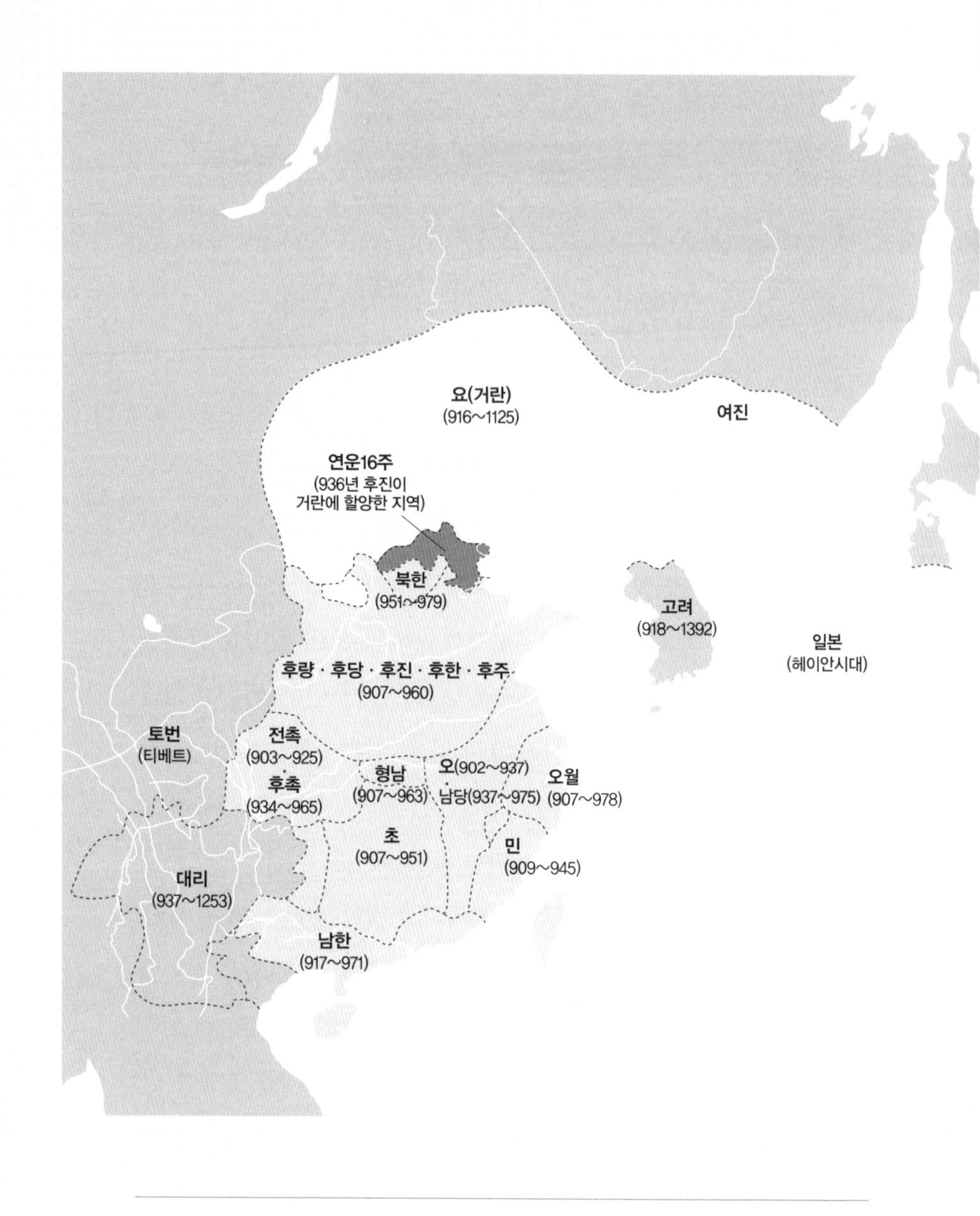

요(거란)
(916~1125)
여진
연운16주
(936년 후진이
거란에 할양한 지역)
북한
(951~979)
고려
(918~1392)
일본
(헤이안시대)
후량 · 후당 · 후진 · 후한 · 후주
(907~960)
토번
(티베트)
전촉
(903~925)
후촉
(934~965)
형남
(907~963)
오(902~937)
남당(937~975)
오월
(907~978)
초
(907~951)
민
(909~945)
대리
(937~1253)
남한
(917~971)

10세기의 동아시아

다. 송은 황제권을 강화하고 관료 조직을 정비했으며, 이러한 노력으로 나라는 점차 안정됐다. 이제 송에게 남은 과제는 동아시아의 강자로 자리매김한 요와의 관계를 정립하는 것이었다. 특히 송은 석경당이 후진을 세우는 대가로 요에 할양했던 연운 16주를 되찾아야만 했다.

이때 요에서는 12세의 어린 황제 성종이 즉위했다. 송이 요에 대해 우위를 차지할 절호의 기회였다. 이에 송 황제 태종은 986년 요를 공격했다. 그러나 송은 전쟁 초반에 승기를 잡았음에도 끝내 패하고 말았고, 태종은 간신히 목숨만 건져 도망치는 신세가 됐다. 1004년에는 요가 황허강 북쪽의 전주澶州(지금의 중국 허난성河南省 푸양시濮陽市) 지역까지 침입했다. 양국은 치열한 공방을 거듭하다 마침내 강화에 합의했다.

송과 요, 양국은 당시의 국경선을 유지하기로 했다. 이에 더해 송은 매년 비단 20만 필과 은 10만 냥을 요에 제공하기로 했고, 요 성종은 송 진종을 형으로 부르기로 했다. 중국의 강남 지역을 차지하고 있어 물산이 풍부한 송은 약간의 자존심을 지키면서 돈으로 평화를 살 수 있었고, 요는 전쟁으로 더 이상의 공력을 낭비하지 않으면서 매년 안정적인 수입을 얻을 수 있었다. 향후 120여 년간 기나긴 평화를 안겨다 준 이 조약이 바로 '전연의 맹약澶淵之盟'이다.

큰형님들의 천하,
요와 송

요는 916년 나라를 세울 당시부터 황제를 칭하고 '신책神冊'이라는 연호를 제정했다. 송도 960년 건국 당시부터 황제를 칭하고 '건륭建隆'이라는 연호를 제정했다. 연호를 제정하는 행위는 그 국가가 황제국임을 의미한다. 황제국이 아닌데 연호를 쓰는 것은 주변국에게 전쟁의 빌미를 줄 만큼 위험한 일이었다. 그뿐만이 아니다. 요는 한족 국가인 후진의 군주를 황제로 책봉했고, 그 외에 북한北漢, 서하西夏, 고려의 군주를 왕으로 책봉했다. 송은 서하, 고려, 안남安南(베트남)의 군주를 왕으로 책봉했다. 양국 모두 주변국의 군주를 왕으로 책봉한 사실이 확인된다. 심지어 거란은 주변국의 군주를 황제로 책봉하기도 했다. 동시대에 복수의 황제국, 복수의 황제가 존재한 것이다.

전근대 동아시아 사회에서 황제는 하늘의 명天命을 받아 온 세상 천하를 통치하는 천자와 동일시되었고, 천자는 자신의 통치 범위인 천하를 거느릴 수 있었다. 이러한 천자와 천하의 개념은 중국에서 기원한 것이었다. 한족 국가의 군주는 천자를 칭할 수 있었고, 천자는 주변국의 군주를 왕으로 책봉함으로써 자신의 천하를 완성할 수 있었다. 물론 관념적으로 그러한 천하는 세상에 단 하나만 존재해야 했다.

그러나 이 시기에 요와 송은 각각 천자가 다스리는 천하를 거느리고 있다고 인식됐다. 즉 10세기 이후 복수의 천하가 존재하는 상황이

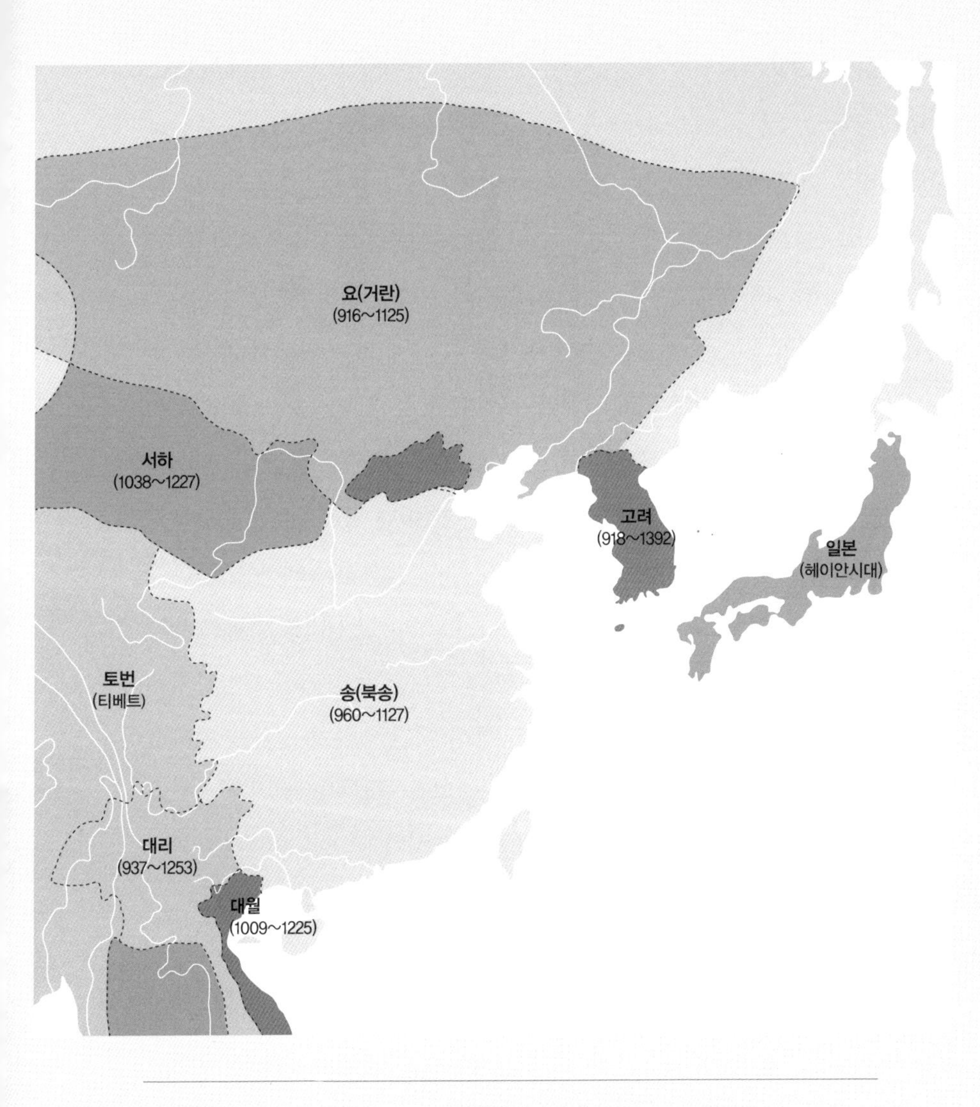

요(거란)
(916~1125)
서하
(1038~1227)
고려
(918~1392)
일본
(헤이안시대)
토번
(티베트)
송(북송)
(960~1127)
대리
(937~1253)
대월
(1009~1225)

11세기의 동아시아

된 것이다. 전통적인 관념대로라면 이민족이 건국한 요는 천하를 거느릴 수도, 그 군주를 천자라 칭할 수도 없었다. 하지만 이 시기 요의 세력은 워낙 강했기 때문에 요가 천자를 칭하고 자국의 천하를 거느린다고 해도 그것을 견제할 만한 세력이 없었다. 그렇다고 해서 요가 송 등의 다른 천하를 모두 복속시키고 하나의 천하를 형성할 만큼 강한 것은 아니었다. 이처럼 요와 송의 형세가 어느 정도 균형을 이뤘기에 복수의 천자, 복수의 천하가 존재할 수 있었다.

그러나 아무나 자신만의 천하를 거느릴 수 있었던 것은 아니다. 송과 요로부터 책봉을 받고 있었던 서하는 1038년 황제국임을 표방하고 연호를 사용했다. 그러나 이 일이 빌미가 돼 서하는 송의 침입을 받았다. 결국 서하는 1044년 다시 송의 연호를 쓰고 그 신하국이 되기로 약속했다. 송은 강화의 조건으로 서하에 매년 은, 비단, 차를 제공하기로 약속했지만 말이다. 이상의 사실을 통해 어떤 나라가 천자를 칭하고 자국의 천하를 거느리기 위해서는 이를 위한 실질적인 힘이 필요했다는 점을 알 수 있다. 서하의 사례는 그러한 힘이 없으면 함부로 천하와 천자국을 칭하기 어려웠다는 점을 보여준다.

고려의 줄다리기, 요와 송 사이에서

그렇다면 고려는 이처럼 강대해진 요와 송 사이에서 어떠한 외교 정책을 구사했을까? 이 시기 고려의 대외관계에 대한 기존 연구에 따르면, 고려인들은 국초에 거란(요)을 '금수의 나라'라며 야만시했다. 이후 고려는 요의 3차에 걸친 침입을 격퇴했다. 고려는 강화의 결과로 요에 사대했으나, 이는 실리 정책의 일환이었다고 봤다. 이와 동시에 고려가 '선진 문화'를 가진 송과 문화 교류를 지속했으며 송도 고려의 뛰어난 문화적 소양을 인정했다고 보았다.* 여기에는 송과 고려는 문명국이며 요는 야만국이라는 인식이 내포되어 있다. 이러한 인식은 고려 태조가 사망할 때 남긴 '훈요訓要 10조' 중 4조의 조항에서 비롯했다. 그 기록을 직접 살펴보자.

哉其三曰傳國以嫡雖曰常禮然丹朱不肖
堯禪於舜實爲公心若元子不肖與其次子
又不肖與其兄弟之衆所推戴者俾承大統
其四曰惟我東方舊襲唐風文物禮樂悉遵
其制殊方異土人性各異不必苟同契丹是
禽獸之國風俗不同言語亦異衣冠制度愼
勿效焉其五曰朕賴三韓山川陰佑以成大
業西京水德調順爲我國地脉之根本大業
萬代之地宜當四仲巡駐留過百日以致安

'훈요 10조' 중 4조

* 고려의 대거란 정책에 대한 기존의 인식은 《한국사》 4, 국사편찬위원회, 1977; 변태섭, 《한국사통론》 사정판四訂版, 삼영사, 1996; 이기백, 《한국사신론》 한글판, 일조각, 1999; 《(신편) 한국사》 15, 국사편찬위원회, 2003; 한영우, 《다시 찾는 우리 역사》 전면 개정판, 경세원, 2004; 이진한, 〈고려 전기의 국제관계와 교류〉, 한국중세사학회, 《21세기에 다시 보는 고려시대의 역사》, 혜안, 2018 등을 참조했다.

> 우리 동방은 오랫동안 중국의 풍속唐風을 흠모해 문물文物과 예악禮樂은 모두 그 제도를 따랐다. 그러나 지역이 다르고 인성人性도 각각 다르니 반드시 중국과 같을 필요는 없다. 거란은 금수禽獸의 나라로 풍속이 같지 않고 말도 다르니 의관제도를 삼가 본받지 마라.
>
> -《고려사》 권2, 〈세가〉 2, 태조 26년 4월

태조를 비롯한 고려의 지배층은 중국의 풍속을 흠모하는 한편, 거란의 풍속을 '금수'의 것이라고 인식해 받아들이면 안 된다고 보았다. 그간의 많은 연구는 이 자료에 근거해 고려가 거란을 대할 때의 상像을 만들어왔다.

그런데 이렇게만 본다면 송의 책봉을 받던 고려가 993년 요의 제1차 침입 이후 즉시 송에 대한 사대를 끊고 요에 사대한 이유가 설명되지 않는다. 특히 중화인 송에 대한 의리나 오랑캐인 거란에 대한 멸시와 같은 감정이 잘 드러나지 않는다.

993년 8월에 요의 군대가 고려를 침략하자, 고려 조정은 10월에 방어를 위해 북계北界(지금의 평안도) 지역으로 군대를 보냈으며, 같은 달 서희徐熙(942~988)를 보내 강화를 요청했다. 그러자 소손녕은 고려가 거란에 사대하는 대신 거란이 고려에 강동 6주를 내어달라는 서희의 강화에 응해 바로 침공을 멈췄다. 그리고 거란은 이듬해인 994년 2월 사신을 보내 요에 조공할 것, 즉 요의 책봉국이 될 것을 요구했다. 이에 고려는 같은 달 바로 송의 연호를 폐지하고 요의 연호인 '통화統和'를

사용했다. 그리고 같은 해 거란에 방물을 바치거나, 아이들을 거란에 보내 거란어를 익히게 하거나, 거란에 혼인을 요청하는 등 거란 친화적 정책을 펼쳤다.

현대 작가 권오창이 그린
서희의 표준 영정
경기도 이천시 서희역사관 소장

여기서 알 수 있는 사실은 침입해온 요나 방어한 고려 모두 결사항전을 펼칠 의지가 없었다는 것이다. 그랬기에 양국은 대규모의 전투를 치르지 않고 바로 강화 협상으로 들어갔다. 강화의 결과, 요는 고려의 복속을 받아 자신들의 천하를 넓히고, 이와 동시에 고려와 송이 연합할 여지를 차단하는 이익을 거둘 수 있었다. 고려는 요에 사대하는 것으로 평화를 꾀하고, 아울러 강동 6주라는 실리를 챙길 수 있었다.

여기서 확인되는 고려인의 사고방식은 조선인의 사고방식과는 확연히 다르다. 조선은 중국에서 명明이 망하고 청清이 들어섰을 때 청에 대한 사대를 극력 거부했다. 청은 만주족, 즉 오랑캐가 건국한 나라이기 때문이었다. 이러한 조선인의 사고방식은 1637년 1월, 청 군대가 강화도를 함락하자 사헌부 장령 이시직李時稷이 자결을 결심하고 아들에게 '오랑캐'에게 함락될 조정에 출사하지 말라는 유언을 남긴 사례에서도 확인된다. 조선의 사대부는 자결하면서까지 오랑캐인 청에 사대하는 것을 반대했는데, 고려의 지배층은 큰 반발 없이 오랑캐인 요에 사대했던 것이다.

그렇다면 고려인은 어떻게 중화의 나라인 송과 단교하고 오랑캐인 요와 손잡을 수 있었을까? 고려가 중화, 즉 송에 대한 의리를 내세우지 않은 이유는 무엇일까? 기존에는 고려가 실리 위주의 정책을 펼쳤기 때문에 요를 오랑캐로 생각하더라도 이러한 태도를 취할 수 있었다고 보았다. 물론 이러한 견해도 타당하지만, 그 이면에는 다른 이유도 있었던 것으로 보인다.

고려가 건국될 무렵부터 요는 이미 동아시아의 신흥 강국이었다. 10~11세기 국제 정세 속에서는 강력한 힘을 가진 나라가 천자국으로 인정받을 수 있었기에, 송보다 힘이 센데다 좀 더 직접적으로 고려에 영향을 미칠 수 있는 요는 천자국으로 인식될 수 있었다. 즉 고려인은 송과 마찬가지로 요를 별도의 천하를 거느린 천자국이라고 인식했던 것이다. 그렇기에 고려가 요의 천하로 들어가는 것은 고려인에게 그렇게 거리낄 일이 아니었다. 이러한 고려에게 자국의 안위를 지키는 데 큰 도움이 되지 않는 송과의 인연을 끊고, 자국의 평화를 보장해줄 요와 새로 인연을 맺는 것은 현명한 선택이었을 것이다.

요 스스로도 명실상부한 천자국이라고 생각했다. 이는 제1차 침입 때 제기한 요의 사대 요구뿐만 아니라 제2·3차 침입 때 내세운 그들의 명분에서도 확인된다. 1009년 고려 내부에서 강조가 정변을 일으켜 목종을 폐위, 살해하고 현종을 즉위시킨 일이 있었는데, 요는 자신들이 책봉한 목종을 고려가 마음대로 폐위해 천자국으로서의 권위가 무시당했다고 인식했고, 이는 제2차 침입의 발단이 됐다. 제3차 침입의 명분은 고려 국왕이 요의 천자에게 직접 조회하지 않는다는 것이었다. 이 역시 천자국인 요를 무시하는 행위로 여겨졌다. 요가 고려를 침입한 실질적 명분이 어떻든 간에, 책봉국인 고려가 사대국인 요를 무시했다는 행위 자체는 전쟁의 명분이 되기에 충분했다.

이러한 상황에서 고려인은 요가 천자국이라는 사실을 자연스럽게, 또 큰 거부감 없이 받아들였다. 이러한 사실을 알 수 있는 첫 번째 실마리는 연호의 사용이다. 《고려사高麗史》나 《고려사절요高麗史節要》 등의 관찬 사서史書에 남겨진 각종 공식 기록에서 요의 연호를 쓰는 것은 당연한 일이다. 요와의 외교 관계에서 맺은 약속을 이행하는 일이기 때문이다. 그렇지만 한 개인이 사망한 이후 그를 기릴 목적으로 작성한 '묘지명'과 같은 사적인 기록에서도 자연스럽게 요의 연호를 썼던 사실을 통해 고려 지배층이 자연스럽게 요를 천자국으로 받아들였음을 확인할 수 있다.

예컨대 송 출신으로 고려에 귀화한 유지성의 묘지명에는 그가 '중희重熙' 8년에 사망했다고 기록돼 있는데, '중희'는 다름 아닌 요 흥종(재위 1031~1055)의 연호다. 송 출신 인물도 요의 연호를 거리낌 없이 쓰는데, 다른 사람이야 더 말해 무엇 하겠는가. 또한 전주 출신으로 광종 대에 과거에 합격해 개경開京(지금의 황해북도 개성시)에 진출한 유방헌柳邦憲은 요 성종의 연호인 '통화'를 썼고, 딸 셋을 모두 문종(재위 1046~1083)의 왕비로 들임으로써 최고의 권력을 차지했던 이자연李子淵은 요 흥종의 연호인 '중희'를 썼다. 이처럼 고려인이 일상생활 중에서도 요의 연호를 자연스럽게 사용했다는 사실은 고려인이 거란을 '야만'적인 오랑캐로 인식했는지에 의문을 던진다.

이뿐만이 아니다. 1092년(선종 9)에는 고려의 신하 이자위李子威가 송에 보내는 외교 문서에 실수로 요의 연호를 쓴 일이 있었다. 이 때문에 송은 그 외교 문서를 다시 고려로 돌려보냈다. 외교 관계를 맺을 때 있어서는 안 될 일이 일어난 것이다. 고려가 송에 대해 특정한 외교적 의도를 관철하기 위해 일부러 이 사건을 일으켰을 가능성을 배제할 수는 없지만, 이러한 점을 고려하더라도 고려인이 요의 연호를 쓰는 것을 매우 자연스럽게, 또 익숙하게 여겼다는 점은 짐작할 수 있다.

두 번째 실마리는 고려의 지배층이 요의 문화를 적극적으로 받아들였다는 사실에서 찾을 수 있다. 요의 문화는 유목생활에서 기인한 자신들만의 방식에다 당의 방식을 융합하여 매우 정교하고 사치스러웠다. 이는 화려함을 추구했던 고려인의 감성에 잘 맞았다. 고려 태조가 '훈요'에서 거란의 의관제도를 본받지 말라고 굳이 말한 것은 도리어 이 시기에 거란의 의관제도를 따르는 이들이 있었다는 사실을 방증한다. 즉 고려인은 국초부터 거란의 문화를 별다른 거부감 없이 수용하고 있었던 것이다. 게다가 《고려사》에는 1129년(인종 7)에 인종이 "오

고려 전기의 최고권력자인 이자연의 묘지명
요(거란) 흥종의 연호인 '중희重熙'가 쓰인 것이 눈에 띈다.
국립중앙박물관 소장

늘날에는 위로는 조정에서부터 아래로는 백성에 이르기까지 화려한 기풍을 다투고 거란의 풍속을 받아들이고는 돌이키지 않으니 깊이 탄식할 일이다"라고 하며 화려한 것을 버리고 질박한 것을 숭상하라는 명을 내린 사실이 기록돼 있다. 고려인이 요를 오랑캐라고 야만시했다면 이처럼 요의 문화를 좇는 일은 없었을 것이다. 게다가 고려가 요에 사대한 이후 요를 특별히 오랑캐라고 지칭하거나 멸시하는 표현은 등장하지 않는다.

고려가 송이든 요든 간에 두 나라를 모두 천자국이라고 인정하는 한, 고려는 이익에 따라 섬겨야 할 사대국을 선택할 수 있었을 것이다. 고려인에게는 특정 이념에 따라 어느 한쪽을 섬겨야만 한다는 강박이 없었다. 실제로 고려는 송과 요를 사이에 두고 줄다리기를 했다. 예를 들어 고려는 1016년 요의 연호를 폐지하고 다시 송의 연호를 사용하기로 결정했는데, 이때는 요와 제3차 전쟁을 진행하던 시기다. 고려는 요의 연호를 버리고 송의 연호를 채택함으로써 송과 손잡을 수 있다는 사실을 요에게 보여주었다. 이로써 요를 압박해 종전을 꾀할 수 있었다. 이처럼 요와 송을 모두 천자국으로 인정하고 그 사이에서 자국의 이익을 도모했던 나라, 그것이 바로 고려였다.

골목대장 고려,
자신만의 천하를 그리다

그렇다면 고려는 자국의 이익을 위해서라면 자존심을 모두 내팽개칠 수 있는 나라였을까? 꼭 그런 것만은 아니었던 듯하다. 고려도 요와 송처럼 자국의 군주를 '천자'로 칭하고 자국의 범위가 미치는 지역을 '천하'로 설정했기 때문이다. 게다가 익히 알려져 있다시피 고려는 황제국 제도를 제후국 제도와 함께 활용했다. 이게 도대체 어떻게 된 일일까? 우선 다음의 자료를 살펴보자.

해동천자海東天子이신 지금의 황제이시여
부처님과 하늘이 도우셔서 널리 교화가 퍼졌다네
세상을 다스리시는 깊은 은혜
어찌 고금에 드물지 않으랴
외국外國에서 몸소 달려와 모두 귀의하나니
온 국경이 편안하고 깨끗해져 창과 깃발이 사라졌구나
성대한 덕, 요堯임금이나 탕湯임금도 견주기 어려우리
-《고려사》권71, 〈지〉 25, '악(樂)'

고려가요 〈풍입송風入宋〉은 '해동천자'의 덕을 칭송하는 것으로 시작한다. 해동천자란 다름 아닌 고려의 군주다. 고려인은 고려의 군주를 천자, 그중에서도 '해동', 즉 바다 동쪽을 통치하는 천자로 인식했다. 그들의 인식 속에서 고려 천자는 고려를 중심으로 한 천하를 다스리는 존재였다. 특히 고려가 11세기 초 동아시아의 최대 강자였던 요와의 전쟁을 성공적으로 수행하자 고려의 국제적 위

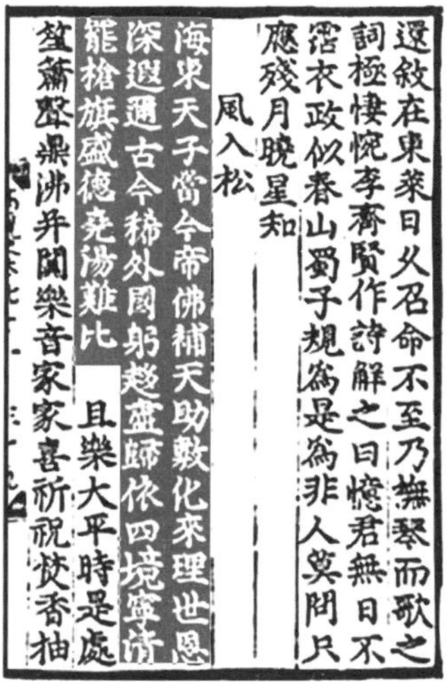

고려가요 〈풍입송〉의 가사 중
'해동천자', '외국', '귀의'가 기록된 부분

상이 높아졌다. 이에 고려로 복속해오는 나라들이 생겨났다. 이전에도 여진계의 여러 부족이 고려로 찾아와 조공하는 일이 있었지만, 이 무렵부터는 고려에 조공하고 고려의 관작을 받아가는 부족이 많아졌다. 그중 '나라國'를 칭했던 철리부鐵利部의 군주는 고려의 군주에게 천자만이 받을 수 있는 '표表'라는 외교 문서를 바쳤다. 고려는 이러한 여진족을 '고려의 천하에 복속한 울타리 국가蕃土'라는 의미의 '번蕃'으로 인식했다. 그 외에 발해 유민 집단이 세운 흥요국興遼國, 독자적인 왕국이었던 탐라국(지금의 제주도)도 고려의 신하국 또는 울타리 국가가 됐다. 다시 말해 11세기 초중엽에 이르면 세상의 중심에는 고려라는 천자국이 있고, 그 주변에 여진, 흥요국, 탐라국 등의 제후국이 있으며, 고려의 군주인 '해동천자'가 그들을 통치한다는 관념이 공유됐던 것이다.

고려의 군주가 천자로서 개최하는 팔관회에 송 상인이 참석했다는 사실로 미루어보아 송도 고려의 군주가 천자를 자칭하는 상황을 알고 있었다. 요도 물론 이를 알고 있었을 것이다. 그러나 송과 요는 고려의 칭제稱帝를 문제 삼지 않았다. 다들 세력이 엇비슷해 국제적으로 균형을 이루던 시기였기에, 이러한 것을 따져서 전쟁을 일으킬 만한 여유가 없었기 때문이다. 이는 송도, 요도 마찬가지였다.

그렇다고 해서 여러 개의 천하가 모두 동등한 힘을 가졌던 것은 아니다. 고려 외에 서하, 안남, 일본, 여진 등도 세력이 강해지면 천자를 자칭했고 자신의 천하를 상정했다. 그럼에도 이들 천하는 공식적으로 공표될 수 없었다. 요나 송과 같은 거대한 국가를 제외한 나머지 국가는 이 칭호를 대외적으로 사용할 만한 힘이 부족했기 때문이다. 즉 10~12세기는 요와 송이라는 거대한 천하가 존재하면서도 여러 개의 소천하가 공존하는 상황이었다고 할 수 있겠다.

또 다른 강자의 등장, 천하 공존 시대가 저물다

지금까지 살펴본 '천하 공존 시대'는 동아시아의 절대적 강자가 등장하면서 저물기 시작했다. 그 주인공은 바로 여진이었다. 1004년 요와 송이 '전연의 맹약'을 맺은 이후 평화가 찾아왔지만, 이러한 평화가 오래 지속되면서 양국 모두 내정 혼란을 겪었다. 그사이 쑹화강松花江의 지류인 아레이추카강阿勒楚喀江(지금의 중국 헤이룽장성黑龍江省 하얼빈시哈爾濱市 아청구阿城區 부근) 기슭에 살고 있던 여진 완옌부完顔部 부족의 아구다阿骨打(금 태조, 재위 1115~1123)가 일어났다. 12세기 초였다. 그는 순식간에 여진 부족을 통합하고 '금金'을 세웠다. 황제(천자)를 칭했음은 물론이다. 금은 송과 손잡고 요를 내쫓았고, 곧이어 요를 멸망시켰다. 그 후 1126년에는 송의 수도를 점령했고, 이에 송은 이듬해 남쪽으로 도망가 왕조를 간신히 보존하게 된다.

이와 거의 같은 시기인 1126년, 고려는 금의 요구에 따라 금에 사대해야 했다. 요의 경우와 달리 고려 내부에서 금에 대한 사대에 반대하

〈탁헐도卓歇圖〉(부분)
오대五代 화가 호괴胡瓌가 그렸다고 전해지나,
그림 속에 금金 대 여진인의 풍속이 등장해 금 대에 그려진 것으로 추정된다.
여진 귀족들이 사냥하다 휴식하던 중 남송의 사신을 맞이하는 모습을 볼 수 있다.
중국 베이징 고궁박물원 소장

는 세력이 있었다. 묘청이 그 대표적인 인물이다. 이들이 금에 대한 사대를 반대한 것은 여진(금)이 한때 고려의 천하에 속했다고 생각했기 때문이다. 그러나 요와 송이 모두 금에 의해 망국의 길을 걷고 있는 판에, 고려가 금에 저항하기는 어려웠다. 고려의 금에 대한 사대는 당연한 일로 받아들여졌다. 묘청 등 일부를 제외한 대다수의 신료는 금에 대한 사대에 동의했다. 금에 대한 사대를 주장한 이들의 '작은 나라가 큰 나라를 섬기는 것은 선왕의 도리以小事大先王之道'라는 논리는 오랑캐인지의 여부보다 힘의 우위로 '큰 나라'를 판단하는 고려인의 인식에서 나온 것이다.

다른 나라보다 강력했던 금이 등장하며 기존의 천하 공존 시대에 균열이 생겼다. 얼마 지나지 않아 압도적인 힘을 가진 몽골이 등장하며 천하 공존 시대는 완전히 막을 내렸다. 몽골이 건국한 원元만이 천자국을 칭할 수 있었고, 그 주변의 다른 나라들은 더 이상 명목적, 관념적인 천자국조차 칭하지 못한 채 실질적인 제후국으로 전락했다. 새로운 시대가 개막한 것이다.

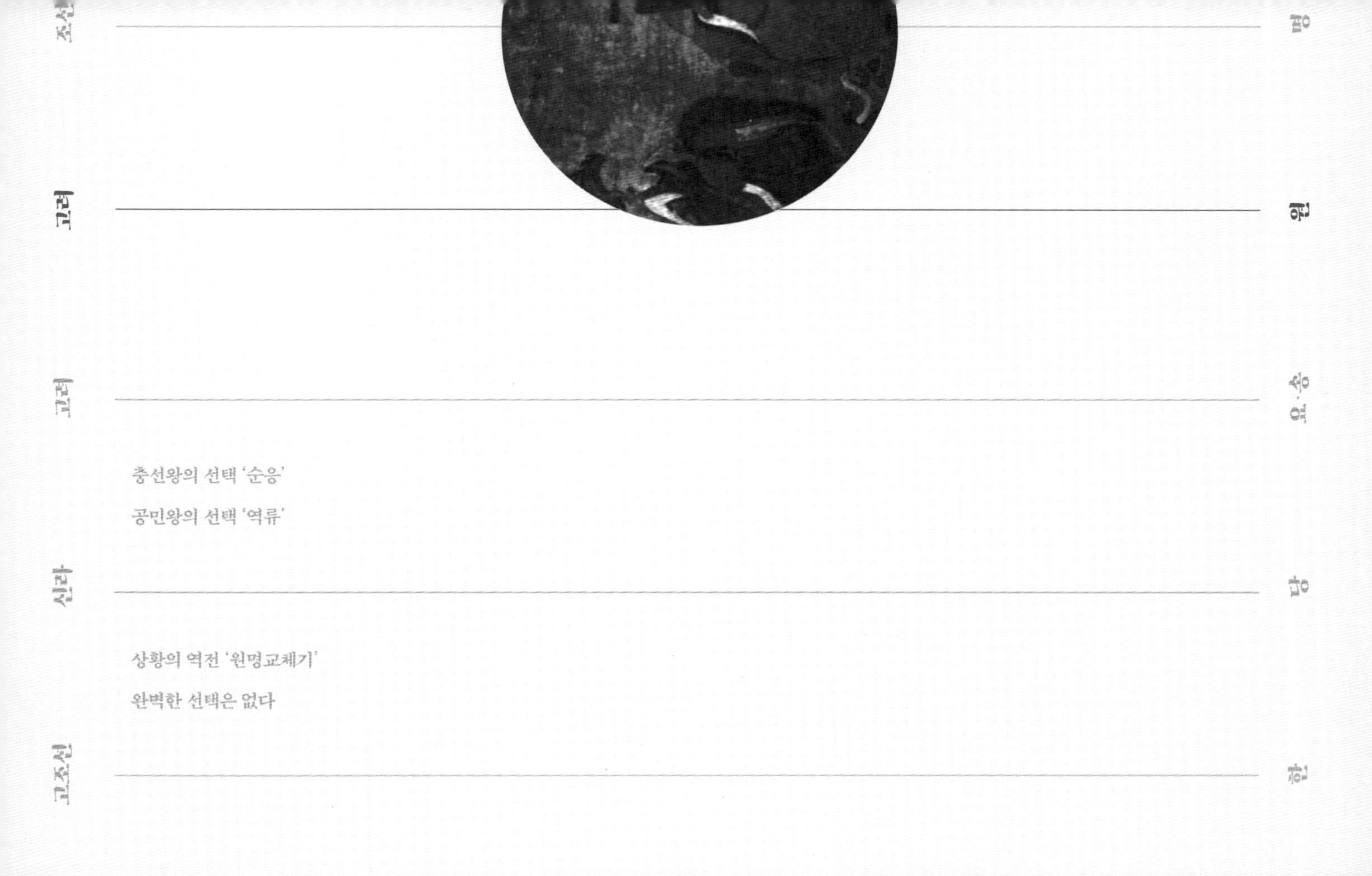

충선왕의 선택 '순응'

공민왕의 선택 '역류'

상황의 역전 '원명교체기'

완벽한 선택은 없다

고조선 신라 고려 고려 조선

한 당 요·송 원 명

조선　대한제국·일제강점기　한국전쟁　북한

제국의 파도 앞에 선 고려의 국왕

국왕시호를 통해 본 여원 관계 백 년의 굴곡

안선규

청　청·중국　중국　중국

우리는 늘 자주自主, 자립自立을 강조한다. 주체적인 삶을 원한다. 역사도 그러하길 바랐고, 오늘도 꿈꾸고 있다. 자주라는 관점에서 역사를 돌아보면 얼핏 우리 조상은 그렇지 않았던 것처럼 보이기도 한다. 중국의 황제로부터 받은 왕의 이름이 있다. 국왕의 시호諡號가 그것이다. 원에 의한 고려의 자주성 상실과 '충忠' 자로 이어지는 고려 국왕의 시호, 조선의 굴종적 사대주의와 '공恭' 자로 이어지는 조선 국왕의 시호, 우리 대부분은 국왕 시호를 이렇게 생각해왔다.

고려가 처음 원으로부터 국왕 시호를 받던 날로 가보자. 1310년 음력 7월 20일, 충선왕忠宣王의 조상 3대에게 각각 충헌忠憲(고종), 충경忠敬(원종), 충렬忠烈의 시호가 내려졌다. 이들 시호는 이후 100년 혹은 영원히 그들을 칭하는 이름이 됐다. 음력 7월 20일, 이날의 양력은 공교롭게도 8월 15일(광복절)이다.

시호는 개인의 일생을 평가해 올리는 이름으로, 군주가 신하에게 수여하는 것이 일반적이다. 그렇다면 원은 왜 고려 국왕에게 시호를 주었을까? 고려가 굴복한 것을 기념하기 위해서? 고려가 원의 신하라는 사실을 분명히 하려고? 모두 아니다. 허무하지만 원의 시호 수여는 고려의 자발적 요청에 따른 결과였다. 고구려와 더불어 민족 자주의 상징이라 불리는 고려는 왜, 구차하게도 영원히 기억될 왕의 이름을 원으로부터 받고자 했을까?

이제부터의 이야기는 위 질문에 대한 답이다. 원, 즉 몽골제국의 등장으로 여러 세력이 균형을 이루며 평화를 지속했던 동아시아의 다원적 질서는 붕괴됐다. 고려가 300년 넘게 유지했던 대중국 관계의 형식도 새로운 강국인 원 중심의 일원적 질서 아래 크게 변화한다. 새로운 시대, 새로운 환경, 제국이라는 거대한 파도 앞에서 속칭 '외교 천재' 고려는 때로는 순응하고, 때로는 거스르는 선택을 하면서 살아냈다.

충선왕의 선택, '순응'

1308년 7월 충렬왕이 개경 신효사神孝寺에서 숨을 거두었다. 국정의 실권은 원의 새로운 황제 옹립에 공을 세운 아들 충선왕에게 모두 빼앗긴 뒤였다. 아버지의 부고를 들은 충선왕은 한 달 만에 원에서 돌아와 왕위에 올랐다. 폐위된 지 10년 만의 복위였다.* 같은 해 10월 국상 절차에 따라 대신들은 충렬왕의 묘호廟號와 시호를 의논해 충선왕에게 올렸다. 크게 문제될 것이 없는 형식적인 절차에 지나지 않았다. 그런데 뜻밖의 대답이 충선왕의 입에서 나왔다.

> 상국上國이 있으니 나로서는 단지 시호를 요청할 뿐이다. 죽책竹冊과 옥책玉冊은 또한 예에 합당한 것인가?
>
> -《고려사》권33, 〈세가〉33, 충선왕 복위년 10월 11일

여기서 말하는 죽책과 옥책은 선왕先王의 업적과 조·종의 묘호, 시호를 정한 연원을 밝힌 의물儀物인 시책諡冊을 말한다. 시책은 묘호와 시호가 결정된 이후 제작되며, 왕릉에 부장되기도 했다. 이에 대한 문제 제기는 결국 독자적 시호를 올리지 않겠다는 충선왕의 선언을 의미한다. 고려 개국 이래 묘호와 시호를 올리는 의례는 한 번도 중단된 일이 없었다. 심지어 고려는 폐위된 국왕에게조차 묘호와 시호를 올리는 나라였다.**

즉위 전 충선왕은 원 무종을 옹립하고 공신이 된 여세를 몰아 고려에 남아 있던 자신의 반대파를 모두 숙청해버렸다. 300년 가까운 전통을 깨려는 충선왕에게 대신들이 반발하지 못한 까닭은 이 때문이다.

---

* 충선왕은 1298년, 아버지 충렬왕의 양위로 잠시 즉위했지만 7개월 만에 원에 의해 폐위됐다.

** 폐위 후 묘호와 시호를 받은 사례로 목종과 희종이 있다.

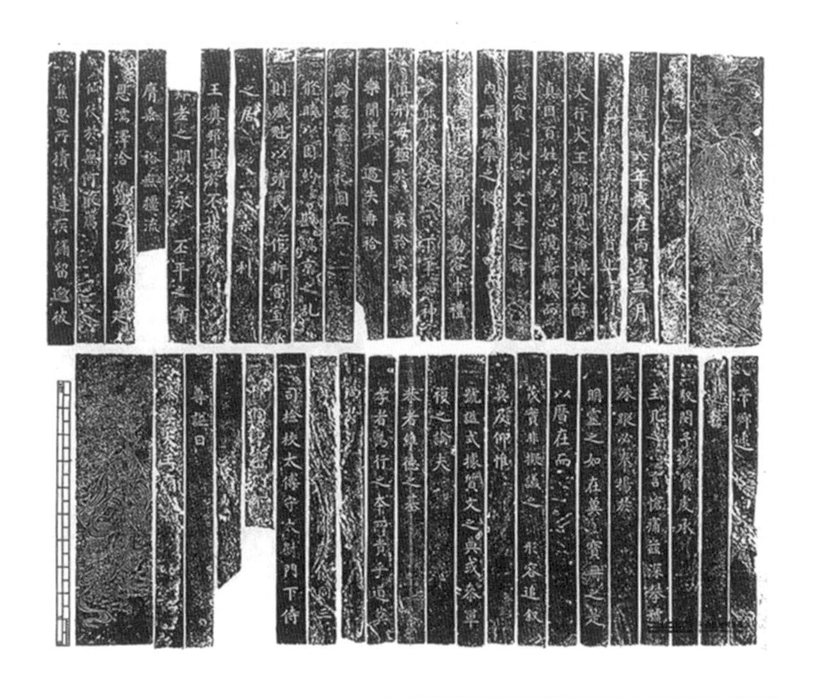

〈인종시책仁宗諡冊〉 탁본, 《조선고적도보朝鮮古跡圖譜》 권7

다만 신하들은 태업으로 자신들의 의사를 표시할 뿐이었다. 이렇게 원에 시호를 요청하는 표문表文을 짓는 담당자는 해를 넘겨도 정해지지 못했다. 결국 현임이 아닌 칠순을 넘겨 관직에서 물러난 오양우吳良遇에게 일이 맡겨졌다.

그런데 자주의 상징처럼 보이는 고려의 전통을 충선왕은 왜 단숨에 깨버렸을까? 몽골 혼혈이라는 혈통 문제나, 스스로 황제의 제후라는 위상을 자각하고 이를 지키려 한 것이라는 등의 이야기로 설명하기에는 막연한 감이 없지 않다. 그의 선택을 이해하기 위해선 순탄치 않았던 충선왕의 과거를 잠시 들여다볼 필요가 있다. 갑작스러운 즉위 그리고 폐위, 복위. 그의 선택은 지난날의 경험과 앞으로 살아갈 날에 대한 깊은 고민의 결과였다.

충선왕은 충렬왕과 제국대장공주齊國大長公主 사이에서 태어났다. 어머니 제국대장공주는 원 세조 쿠빌라이 칸의 딸로 충선왕은 칸의 외손자가 된다. 고려 왕실에 원 황실과의 통혼은 여러모로 기회였다. 통혼을 기점으로 고려 왕실은 무신정권 이래 추락한 권위를 다시금 공고히 하고, 대내외적으로 산적해 있던 문제를 해결할 수 있었다. 특히 칸의 부마라는 위상 덕분에 충렬왕의 행보 대부분은 순조로웠다.

하지만 쿠빌라이 칸은 영원히 살 수 없었고, 1294년(충렬왕 20) 2월 세상을 떠났다. 새롭게 즉위한 황제는 쿠빌라이 칸의 황태자인 친킴眞金의 막내아들 테무르(원 성종)였다.* 그런데 원 성종은 충렬왕과 제국대장공주에 대한 감정이 좋지 않았다. 공주와 모계 혈통이 달랐고, 무엇보다 후계자 선정 과정에서 충렬왕이 성종의 형인 카말라를 지지했기 때문이다. 원 성종은 충렬왕 부부에 대한 불편한 감정을 숨기지 않았다. 완성된 쿠빌라이 칸의 실록(《세조실록》)을 검토하던 자리에서 성종은 제국대장공주의 '공주' 칭호를 문제 삼기도 했다. 정실의 소생이 아

---

* 친킴은 세조보다 앞서 사망했다.

니라는 것이 이유였다.

대원 관계, 특히 정치적 문제에서 칸과의 친소親疏 여부는 교섭의 성패를 결정하는 핵심 요소 중 하나였다. 원 성종의 즉위로 혈연적 거리가 멀어지고, 칸의 신임도 받지 못하는 상황에서 충렬왕의 정치적 입지와 위상이 흔들리는 것은 당연했다. 결국 제국대장공주의 죽음을 계기로 충렬왕은 충선왕에게 왕위를 넘기고 물러나게 된다. 하지만 충선왕 역시 오래 왕위를 지키지는 못했다. 즉위 7개월 만에 폐위돼 원으로 송환됐기 때문이다.

아버지 측근들과의 갈등으로 인한 정치적 혼란을 수습하지 못했다는 것이 폐위의 명분이었지만, 실상은 아내 계국대장공주薊國大長公主와의 불화가 원 성종과 황태후의 심기를 건드렸기 때문이다. 폐위된 충선왕과 함께 온 안향安珦에게 원 승상은 칸의 말이라며 고려 왕이 왜 공주를 가까이하지 않는지부터 물었다.

이처럼 원 황실과의 통혼을 기반으로 탄생한 고려 국왕의 혈연적 위상은 한 세대가 끝나기도 전에 한계를 드러냈고, 충선왕은 즉위와 폐위를 통해 그것을 온몸으로 느낀 셈이었다. 원으로 송환된 이후 충선왕은 자신과 갈등했던 충렬왕의 측근들로부터 끊임없이 위협에 시달렸다. 아버지와의 사이 역시 돌이킬 수 없을 만큼 깊은 골이 졌다. 이제 폐위된 충선왕의 목표는 단 한 가지, 살아남아 고려로 돌아가는 것이었다.

원 생활 동안 충선왕은 카이샨, 아유르바르와다 형제와 친밀한 관계를 맺었다. 이들은 친킴의 차남 다루마발라의 아들들로 차기 칸을 계승할 유력한 주자들이었다. 그는 다음을 기약하고 있었던 것이다. 충선왕의 선택은 결국 결실을 맺었다. 원 성종 사후 벌어진 후계자 다툼에서 카이샨 형제는 승리했고, 차례로 칸에 올랐다. 원 무종(카이샨)과 원 인종(아유르바르와다)이 그들이다.

원 무종 즉위 후 이루어진 논공행상에서 충선왕은 공신 작호와 함께 심양왕瀋陽王에 봉해졌고, 원 국정 논의에 참여할 수 있는 권한 또한 얻게 됐다. '칸을 옹립한 공신'의 지위로 충선왕은 전무후무한 정치적 위상과 입지를 확보할 수 있었다. 이제 남은 것은 이를 공고히 하고 오래도록 누리는 일뿐이었다.

충선왕은 자신의 기반이었던 고려 왕실을 원에 대를 이어 충성한 공신 가문의 반열에 올리기를 원했다. 시호를 거부하고 충렬왕에게 임시로 부여한 '순성수정상승대왕純誠守正上昇大王'이라는 칭호에서 충선왕의 의도는 명확해진다. '순성수정'은 충렬왕이 생전에 원에서 받은 마지막 공신호功臣號였다.

원에 시호를 요청하는 선택은 충선왕의 구상을 완성할 가장 효과적인 방법이었다. 그는 원의 규정을 통해 왕가의 지위를 결정하고자 했다. 고종, 원종, 충렬왕 3대에 대한 국왕 시호 요청 역시 원의 규정이 적용된 결과다. 원 무종 즉위 후 공신들을 위해 포상 규정이 대대적으로 정비됐다. 이 가운데는 자신은 물론 그 조상들의 지위를 높여주는 추증追贈도 포함돼 있었다. 추증은 요청자의 훈위勳位에 따라 범위가 달라지는데, 가장 높은 훈위를 가진 인물에게만 3대 조상까지 추증이 허락됐다. 원 무종 즉위 후 충선왕이 받은 훈위는 최상급인 정1품 상주국上柱國이다.

시호를 요청하는 서류는 요청자의 가문에서 준비하는 것이 관례였다. 고려 역시 시호를 요청하는 표문과 선대의 행적을 기록한 행장行狀을 마련해 원 조정에 제출한 것으로 보인다. 행장의 실물은 남아 있지 않지만, 추증된 작호와 시호를 수여하면서 원 무종이 내린 제서制書와 이제현이 남긴 〈충헌왕세가忠憲王世家〉를 통해 대략의 내용을 알 수 있다.

고종, 원종, 충렬왕의 행장에서 묘사된 고려 왕실은 칭기즈칸 이래 몽골에 복속해 나라에 혁혁한 공을 세웠고, 이로 인해 원 세조가 부마로 삼아 대우를 한 유서 깊은 가문으로 묘사됐다. 몽골의 전통상 복속 시점은 해당 세력의 지위를 결정하는 중요한 요소였다. 충선왕은 국왕 시호를 통해 고려 왕실이 칭기즈칸 당시부터 몽골과 함께했음도 공증을 받으려 했던 것이다.

1310년(충선왕 2) 고종 이하 3대 선왕에게 시호가 내려졌다. 원 무종은 추증된 고려 국왕 모두에게 '충忠'으로 시작하는 시호를 수여했다. '충' 자 시호는 몽골제국 내에 존재하는 부마, 공신 가문의 일원에게 흔히 내려졌다. 고려를 제외하고 주기적으로 시호를 받은 몽골의 부마, 공신 가문은 여섯 가문, 모두 25명이다. 이 가운데 19명이 '충' 자 시호를 받았다.

고려 왕실을 제국의 공신 반열에 올려놓은 충선왕의 전략은 제법

유효했다. 최소 원 무종과 인종의 치세 동안 고려 왕실은 나라에 공을 세운 척족戚族, 즉 '훈척勳戚'으로 인식됐기 때문이다. 하지만 원 인종 서거 이후 칸의 자리를 놓고 원이 격랑에 휩싸이면서 공신의 의미는 다시 퇴색했다. 설상가상으로 고려 왕실이 독점하던 몽골 황실과의 통혼 관계 역시 심왕瀋王 왕고王暠와 기철奇轍 가문 등의 연이은 등장으로 무너지게 된다. 이제 고려의 국왕은 또 다른 선택을 해야 하는 상황에 몰리고 있었다.

공민왕의 선택, '역류'

혈연적 유대감, 공신의 위상 등 원 황제와의 친소 관계를 바탕으로 이루어진 고려 왕실, 특히 국왕의 권위 확립은 시간이 지나면서 약화됐다. 우선 왕비가 되는 공주와 칸의 촌수가 점차 멀어졌다. 충혜왕의 왕비 덕녕공주의 경우 원 인종 이후 칸들과의 촌수는 8촌 이상이었고, 공민왕의 왕비 노국공주 역시 원 순제와는 6촌 관계였다.

공신의 위상 역시 직접 당사자들인 무종, 인종이 서거한 후부터는 고려 왕실을 보존하는 장치였을 뿐 국왕 개인을 지켜주지는 못했다. 충혜왕의 경우 충선왕과 충숙왕의 공적을 원에 환기해 정치적 위기를 극복하려 했지만 결국 실패해 폐위됐다. 반면 고려 왕실과 유사한 환경을 갖춘 세력이 점차 나타나기 시작했다. 이 가운데 가장 위협적인 것은 기황후를 배경으로 하는 기철 가문이었다.

기철은 기황후를 배경으로 충혜왕 폐위는 물론 이후 왕위 계승 문제에도 개입하는 등 고려 국왕의 권위에 노골적으로 도전했다. 1343년(충혜왕 후 4) 이후에는 사망한 부친 기자오奇子敖가 영안왕榮安王으로 추증되고 장헌莊獻이라는 시호를 받게 되는데, 이로써 기철 가문은 명실상부 몽골제국의 왕가 중 하나로 편입됐다. 비록 고려 국왕보다는 지위가 낮았지만 기철 가문의 왕가 지위 획득은 표면적으로는 고려 국내에 두 개의 왕가가 존재함을 뜻하는 것이다.

1353년(공민왕 2) 이후부터 상황은 점차 심각해졌다. 기황후 소생인 아유시리다라가 황태자에 책봉됐기 때문이다. 이로부터 3년 뒤인 1356년 5월 9일 원은 기자오의 왕호를 경왕敬王으로 고치고 그 조상 3대에게 왕작과 시호를 수여하는 추증을 단행했다. 원의 규정상 한 글자의 왕호는 두 글자보다 상위였다. 고려 국왕의 경우 예외를 두어 한 글자 왕호와 동등한 대우를 받았다. 이런 점에서 기자오에 대한 작호 개정과 3대 추증은 사실상 기철 가문이 고려 왕가와 대등한 위치에 섰음을 의미한다.

이제 공민왕은 선택의 기로에 섰고, 마침내 결단을 내렸다. 기자오의 작호 개정이 이루어지고 9일 뒤인 5월 18일 공민왕은 기철 일파를 일거에 숙청하는 정변을 일으켰다. 당시 상황에서 이는 가장 최선의 선택이었으리라 생각한다. 아유시리다라의 황태자 책봉을 기점으로 기철 가문은 차기 칸의 외가로 입지를 굳혔고, 권겸權謙과 노책盧頙 역시 자신의 딸을 황태자에게 출가시켜 다음을 기약하고 있었기 때문이다.

칸과 황태자의 인척 제거라는 극단적 방법이었지만 공민왕은 한편으로 자신감이 있었다. 그것은 결코 원이 강경하게 나오지 못할 것이라는 계산이었다. 당시 원은 강남에서 시작된 한족의 반란을 막기에도 벅찬 실정이었다. 이런 상황은 1354년(공민왕 3) 장사성張士誠 토벌에 참여했던 고려의 장수들을 통해 공민왕에게 그대로 전달됐다. 공민왕의 계산은 맞아떨어졌다. 원은 고려에서 절일사節日使*로 보낸 김구년金龜年을 억류하는 한편, 80만 대군으로 고려를 정벌할 것이라 공언했지만, 실제 행동에 옮기지는 않았다. 다만 고려의 진위를 파악하기 위해 동분서주할 뿐이었다.

두 달이 채 지나지 않은 1356년 음력 7월 1일, 원이 파견한 위왕魏王의 태자가 압록강에 도착했다. 공민왕은 수행원 두 명만을 대동하는 조건으로 입국을 허락했다. 당시 원에서 위왕이라 불린 사람은 보라테무르, 바로 노국공주의 아버지였다. 즉 위왕의 태자는 공민왕의 처남이었던 것이다. 압록강을 건너온 태자와 공민왕은 어떤 이야기를 나누었을까? 《고려사》에는 이에 대해 더 이상의 기록이 남아 있지 않다. 다만 이 사건 후 원과 고려의 상황은 대화 국면으로 전환된다. 같은 달 19일에 원은 압록강에서 칸의 조서를 고려에 전달했다.

조서에는 기철 제거에 대한 내용은 한마디도 없었다. 다만 고려군

---

* 황제의 생일을 축하하기 위해 보내는 사신.

이 국경을 침범한 경위와 사후 조처에 대해 알려줄 것을 요구할 뿐이었다. 앞서 공민왕은 기철 제거 직후 서북면병마사* 인당印璫에게 명해 압록강 넘어 파사부婆娑府(지금의 중국 랴오닝성 단둥 일대)를 비롯한 세 개의 역참을 공격하게 했다. 조서를 받은 직후 공민왕은 국경 침범의 책임을 인당에게 모두 전가해 처형하고, 원에 기철 제거 등을 알리는 표문을 보냈다.

〈공민왕과 노국대장공주의 초상〉
국립고궁박물관 소장

표문을 받은 원은 기철 등을 숙청한 것을 크게 문제 삼지 않겠다는 답서를 보내왔다. 원의 의도를 분명하게 파악한 공민왕은 정동행성 폐지 등 기철 제거 이후 진행된 국내 개혁의 내용을 인정해줄 것을 원에 요구해 성과를 얻었다. 이로써 고려는 다소 종속적이었던 대원 관계를 청산할 수 있었다. 원의 변화와 국제적 흐름을 파악한 공민왕의 모험이 그 나름의 성공을 거둔 것이다.

기철을 제거하고 원과의 관계를 정리하면서 공민왕은 자신의 위상

* 지금의 평안도 지역의 군사와 행정 업무를 담당하던 직위.

을 강화할 새로운 권위를 찾아야 했다. 칸과의 관계를 통한 기존의 방식은 더 이상 실효가 없었기 때문이다. 그렇게 해서 찾아낸 새로운 방식은 왕씨 혈통의 강조였다. 정변 직후 공민왕은 기철 숙청의 이유를 밝히는 조서에서 다음과 같이 말했다.

> 기철, 권겸, 노책 등은 원 조정이 보살펴준 뜻과 선왕들께서 나라를 세워 전한 법도를 잊은 채, 자기 권세를 믿고 임금을 능멸했으며, 위세를 함부로 부려 백성에게 해독을 끼친 것이 끝이 없었다.
>
> -《고려사》 권131, 〈열전〉 44, '기철'

태조 왕건의 혈통을 계승한 고려 국왕으로서의 독보적 권위를 강조하는 것, 이것이 공민왕이 고안한 위상 강화 방법이었다. 태조로부터 이어지는 혈통은 고려 국왕만의 독보적 위상 그 자체였다. 공민왕이 이야기한 '선왕들께서 나라를 세워 전한 법도先王創垂之法'는 태조 이래 왕씨로 이어져 내려오는 고려 국왕의 정통성을 말하는 것이다.

공민왕은 충선왕 이후 중단된 독자적 시호 추상을 재개함으로써 태조로부터 이어지는 혈연적 정통성을 다시금 확립했다. 1357년(공민왕 6) 윤9월 고려에서 시호를 올리지 않았던 충렬왕 이하 충목왕까지 다섯 명의 선왕에게 각각 경효景孝, 선효宣孝, 의효懿孝, 헌효獻孝, 현효顯孝의 시호가 추상됐다. 공민왕은 전례에 따라 시호에 '효孝'를 공통으로 써서 태조로부터 자신에게로 이어진 왕통이 외세가 아닌 유구한 고려의 전통에 따라 이루어졌음을 분명히 했다. 시법諡法*에 '효'는 '선대의 뜻을 계승해 이루어낸다繼志成事'는 뜻을 담고 있다.

고려 국왕으로서의 독립적 지위를 회복했어도 여전히 제후의 위상은 국왕의 권위를 유지하는 하나의 장치였다. 이는 독자적 시호 회복 이후 고려의 시호 표기 방식을 보면 알 수 있다. 고려는 원이 수여한 국왕 시호와 독자적 시호를 병렬해 사용했다. 예를 들어 충선왕의 공식 시호는 '충선선효대왕忠宣宣孝大王'이다. 그러나 조·종의 묘호는 회복되지 않았는데, 이는 천자와 제후가 같은 칭호를 쓸 수 없다는 인식이 작용했기 때문이다.

원의 세력이 약화된 틈을 타서 공민왕은 자신의 독보적 위상을 강화했다. 하지만 여전히 원은 대륙의 강자였고 고려와 더불어 가야 할 존재였다. 즉 공민왕은 국내 정치에서 자신의 권위를 최대한 보장받는 선에서 원으로부터 밀려든 파도를 거슬러 올라가는 선택을 취한 것이다.

상황의 역전, '원명교체기'

공민왕의 개혁 이후 고려는 더 이상 원에 선왕의 시호를 요청하지 않

---

* 시호로 쓸 수 있는 글자와 그에 해당하는 행적을 정해놓은 것. 시호를 정하는 기관 혹은 사람들은 해당 인물의 행적을 살펴 시법에 따른 적합한 글자를 선정했다.

았다. 칸과의 관계를 지나치게 강조하는 것이 국왕의 위상에 도움이 되지 않았기 때문이다. 그러던 1367년(공민왕 16) 느닷없이 원에서 사신이 도착했다. 세상을 떠난 노국대장공주와 충혜왕 이하 선왕들에게 시호를 수여하러 온 것이다. 그런데 고려는 원에 시호를 요청한 일이 없었다. 그렇다면 원은 왜 고려에 시호를 수여한 것일까?

이것은 원의 자발적 행위였다. 원은 충혜왕, 충목왕은 물론 고려에서 왕으로 대우받지 못하고 있던 충정왕의 시호까지 모두 주었다. 원의 시호 수여는 다분히 관례를 무시한 파격에 가까웠다. 같은 시기 원의 이상 징후가 포착되는 부분이 또 하나 있다. 바로 실력자들에게 다량의 선물 공세를 취한 것이다. 당대 고려 최고의 권력자였던 신돈 역시 이즈음 원으로부터 집현전대제학이라는 관직에 제수됐다. 원이 고려의 신료에게 관직을 내리는 일이 전례가 없진 않았다. 그러나 그것은 반란 진압 참여나 특기할 만한 공적이 있을 때 한해서 이루어지던 것으로, 1367년에는 고려와 원 사이에 그런 특별한 사건이 없었다.

앞선 모든 일은 원의 자의적 선택, 즉 필요에 따라 이루어진 것이다. 당시 원은 멸망 직전의 상태로 내몰리고 있었다. 공민왕 즉위 직후부터 시작된 강남의 한족 반란은 기세를 얻어 이제는 주원장朱元璋, 진우량陳友諒 등 몇몇 군웅이 세력을 통합해 나라를 세우는 단계로 넘어가고 있었다. 북방의 초원 역시 평안하지 못했다. 1360년(공민왕 10)에는 태종 오고타이 칸의 후손 양적왕陽翟王 알호이테무르가 칸인 순제에게 양위를 요구하며 반란을 일으켰기 때문이다.

이런 상황에서 원의 관료들은 수도 대도大都(지금의 베이징)를 버리고 파천을 준비하기 시작했다. 파천 후보지로 거론된 곳은 몽골의 초원과 제주도였다. 《고려사》 등의 기록에 따르면 제주도 파천은 상당히 심도 있게 진행된 것으로 보인다. 제주도는 고려와 강남, 일본을 잇는 해상의 요충지로 장기간 항전을 계획할 만한 곳이었다. 원의 자의적 시호 수여는 이 시점에서 등장한 사건이다.

원은 앞서 충선왕이 했던 것처럼 시호 수여를 통해 고려와 원의 유구한 역사적 관계를 강조하고, 이를 통해 고려의 지지를 얻고자 했다. 제주에서 안전하게 피난 생활을 하기 위해서는 지리적으로 가까운 고려의 도움은 필수적이었다. 하지만 원의 파천은 실현되지 못했다. 1년이 채 지나지 않은 1368년(공민왕 17) 명明의 북벌군이 원의 대도에 입성했고, 원 황실은 북방의 초원으로 도망쳐야 했기 때문이다.

결국 충선왕이 처음 자신의 권위 확립을 위해 시작한 고려의 국왕 시호 요청은 100년 가까운 시간이 지나 원을 구해달라는 신호로 다시 돌아왔다. 그러나 과거 고려의 충선왕이 응답을 받았던 반면, 원은 답을 듣지 못했다. 그렇게 원은 역사의 뒤로 서서히 저물어갔고, 고려는 명과 새로운 관계를 시작한다.

자금성

영락제는 원의 대도성을 기반으로 베이징을 건설했다.

ⓒ 안선규

완벽한 선택은 없다

우리는 매사 선택의 연속에 놓여 있다. 국가 역시 마찬가지다. 몽골과의 전쟁 이후 새로운 시대 앞에서 고려는 순응을 선택했다. 모든 걸 내던지고 결정한 칸과의 밀착, 이 선택은 신의 한 수와 같아 보였지만 황제의 권위 앞에 고려 국왕의 위상이 위축되는 결과를 낳았다. 이러한 모순된 상황이 절정에 이른 순간 공민왕은 역류를 선택했다. 태조로부터 이어지는 혈통적 권위로 공민왕은 자신의 입지를 다시금 강화할 수 있었다. 하지만 이 선택 역시 결과적으로 그 후계자들의 숨통을 조였다. 우왕과 창왕이 폐위된 명분은 '신돈의 자손'이라는 것, 즉 태조로부터 이어진 공민왕의 혈통이 아니라는 것이었다.

충선왕과 공민왕의 선택, 결국 완벽한 것은 없었다. 다만 매순간 스스로 가장 최선이라 생각한 선택을 했을 뿐이다. 선택이 낳은 결과 그리고 시간이 지나 그 선택이 낳은 모순을 해결하는 과정, 이것을 읽는 것은 역사를 만나는 또 다른 재미가 아닐까 한다.

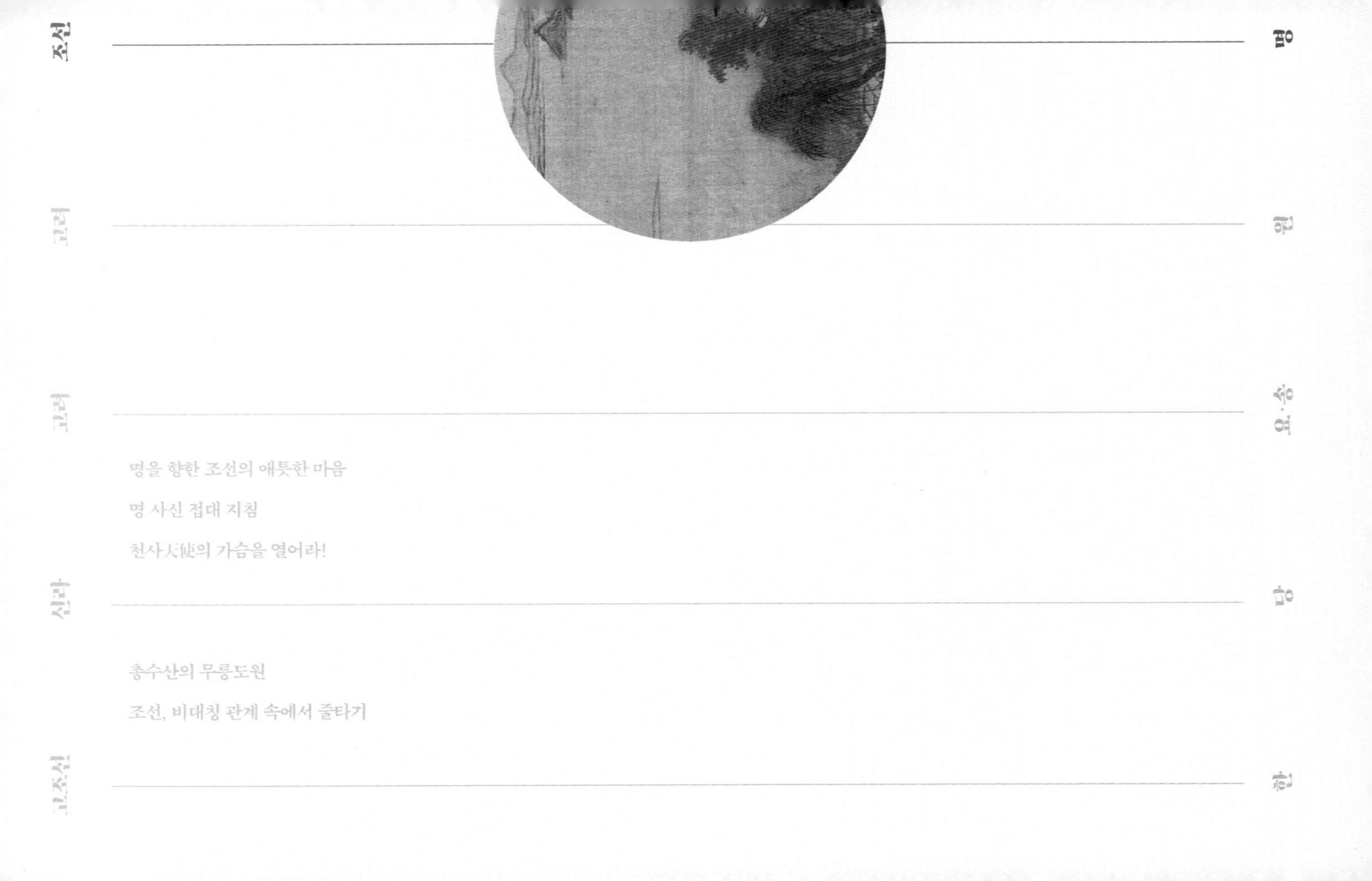

조선 — 명

고려 — 원

고려 — 요·송

명을 향한 조선의 애틋한 마음

명 사신 접대 지침

천사天使의 가슴을 열어라!

신라 — 당

총수산의 무릉도원

조선, 비대칭 관계 속에서 줄타기

고조선 — 한

조선 대한제국·일제강점기 한국전쟁 북한

특명! 명사신을 접대하라

조선의 명사신 접대기

신동훈

청 청·중국 중국 중국

명을 향한 조선의 애틋한 마음

조선은 명明에 1년에 세 번* 때에 맞춰 정기적으로 사신을 보냈다. 이외에도 황제가 죽거나 새로운 황제가 즉위하거나 하는 특별한 일이 있을 때도 사신을 보냈다. 이러한 비정기적 사신 파견을 포함하면 조선의 대명對明 사신 파견은 명이 존속했던 276년 동안 약 1200회에 달한다. 이는 1년에 네다섯 번 정도 사신을 보낸 것으로, 요동과의 왕래를 더할 경우 그 횟수는 더욱 늘어난다.

조선의 대명 사신 파견은 명의 주변국들을 압도한다. 당시 명과 관

---

* 성절사聖節使, 천추사千秋使, 정조사正朝使를 보냈다. 성절사는 명 황제의 생일을 축하하기 위해 보냈던 사신이고, 천추사는 명 황태자의 생일을 축하하기 위해 보냈던 사신이며, 정조사는 음력 1월 1일, 즉 새해를 축하하기 위해 보냈던 사신이다.

계를 맺고 있던 국가로는 유구琉球(오키나와), 안남(베트남), 섬라暹羅(태국), 일본 등이 있다. 이들 국가도 조선처럼 정기적으로 명에 사신을 파견했는데, 각각 유구 2년 1회, 안남 3년 1회, 섬라 3년 1회, 일본 10년 1회였다. 조선의 '1년 3회'는 유독 돋보인다. 흥미로운 것은 횟수뿐 아니라 그 열정 또한 조선이 가장 높았다는 것이다. 실제로 '1년 3회'라는 사신 파견 횟수는 조선의 요청에 따른 것으로, 정작 명은 3년에 1회를 요구했다.

명을 생각하는 조선의 마음은 명이 망한 이후의 태도에서도 잘 드러난다. 청淸은 1636년 조선을 침공해 이듬해 인조의 항복을 받아냈다. 이후 기세를 탄 청은 본격적으로 명을 공격했고, 명은 1644년 멸망했다. 영화 〈남한산성〉에서 잘 드러나듯이, 조선은 치욕적인 패배 이후 살벌한 청의 감시 속에서도 명의 연호를 사용했으며,* 대보단大報壇을 만들어 명 황제(태조·신종·의종)에게 제사를 지냈다. 그리고 이러한 숭명崇明 사상은 청을 향한 적대의식, 이른바 북벌北伐이 등장하게 된 원인으로 작용했다.

1960년대 이후 우리 역사에 대한 본격적인 연구가 시작되면서 조선의 사신 파견은 뚜렷한 목적을 가지고 행해졌음이 밝혀졌다. 명은

---

* 명의 연호를 사용한다는 것은 명의 시·공간을 함께한다는 의미로, 전쟁에서 패해 청을 상국으로 섬기고 있지만 마음으로는 명과 함께한다는 상징적인 의미였다고 할 수 있다.

조공을 받고 책봉을 주는 것으로 국제관계를 맺었다. 그리고 이러한 과정에서 행해졌던 무역 이외에는 국제 교역을 허용하지 않았다. 따라서 명과 교역하기 위해서는 사신을 보낼 수밖에 없었다. 즉 조선은 선진 문물을 수입하기 위해 사신을 파견했던 것이다.

명 사신 접대 지침

명은 조선이 건국(1392)한 이후 임진왜란(1592) 이전까지 약 133회 사신을 파견했다.* 조선은 명 사신이 올 때마다 사행의 목적과 더불어 사신의 출신을 파악하기 위해 애를 썼다. 이는 너무나 당연한 것으로, 명 사신의 목적을 파악하고 그에 맞춰 적절히 대응하고자 함이었다.

사신의 출신은 크게 보면 두 경우였다. 하나는 과거시험 합격자 출신의 문관文官, 다른 하나는 환관宦官(내시)이었다. 문관이 올 경우 의례적 절차 등을 맞추는 것이 까다로운 반면, 업무 외적인 부분에 대해서는 큰 탈이 없었다. 반면 환관이 올 경우 의례적 절차를 맞추는 것은 비교적 용이했지만, 업무 외적인 부분을 맞추는 것이 까다로웠다. 조선으로 파견되는 환관은 주로 조선 출신이었다. 이들은 황제와의 친밀성을

* 이상배, 〈조선전기 외국사신 접대와 명사의 유관遊觀 연구〉, 《국사관논총》 104, 2004, 20쪽.

강조하면서 뇌물을 요구했는데, 주로 요구한 것은 은銀이었다. 조선에서는 은이 산출되지 않는다며 둘러대기도 했지만, 때로는 은그릇을 준비했다가 사신의 기분을 헤아리면서 적당히 '선물'이라며 뇌물을 주기도 했다. 그 밖에 자신의 고향을 더 높은 등급으로 승급해달라거나 친인척의 관리 등용을 요구하기도 했다. 조선은 이러한 사신의 요구에 대응하기 위해 노력했다.

1469년 명은 세조의 죽음을 조문하기 위해 조선에 사신을 보냈다. 예종은 사신을 접대하기 위해 평안도·황해도로 사목事目(오늘날의 행정 지침)을 내려보내고, 명 사신 접대 경험이 풍부한 윤자운尹子雲을 보냈다. 다음은 예종이 보낸 사신 접대 지침과 황해도 관찰사에게 특별히 내린 전교의 일부다.

• 명 사신이 각 고을의 경내에 이르면 그 고을의 수령과 차사원差使員이 모두 나가서 맞이하고, 연회를 개최할 때는 최선을 다할 것.

• 명 사신이 경과하는 고을과 역驛은 창호窓戶와 벽壁을 정비하되, 글씨가 쓰인 종이는 사용하지 말고, 이미 바른 것이라도 다시 바를 것.

☆ 신천信川 출신으로 명으로 보냈던 환관 정통鄭通이 지금 사신으로 오니, 황해도 관찰사는 그의 친척 가운데 살아 있는 자를 모두 파악한 후 그 빈부貧富를 조사하고, 아울러 선영先塋의 상태와 집의 크기를 조사해 보고하라.

-《예종실록》권3, 예종 1년 1월 2일 정사

이 사목의 전체적인 맥락은 '명 사신 접대에 최선을 다하라'는 것이다. 내용을 조금 더 자세히 들여다보면, 먼저 명 사신이 지나가는 고을마다 연회가 개최됐음을 알 수 있다. 물론 명 사신이 연회를 거절할 경우 개최되지는 않았겠지만, 조선 측에서 먼저 연회를 제안했을 것이다. 그리고 명 사신이 머무르는 곳의 환경을 정비했음을 알 수 있다. 손님이 오기 전에 집을 청소한 것이라고 볼 수 있는데, 재미있는 것은 벽과 창호에 글씨가 쓰여 있지 않은 종이를 사용하라는 부분이다. 이 말을 뒤집어 생각해보면, 일상적으로는 이면지를 벽과 창호에 사용했다는 뜻일 것이다.

명 사신을 접대하라는 명을 받은 윤자운은 본인이 직접 사신 접대 사목을 작성해 예종에게 올렸는데, 그 내용은 앞에서 살펴본 것보다 좀 더 구체적이다.

• (사신이) 지나가는 고을과 역은 법령法令 문서를 모두 없애게 하소서.

(중략)

• 만약에 강순康純과 남이南怡가 꾀한 난역亂逆을 물어보면 사실대로 대답하게 하소서.

• 정통이 혹시라도 신천 본가本家에 들르자고 하면, "서울에 도착해 칙서를 반포하고 돌아갈 때 들러도 늦지 않다"라고 답하게 하소서.

• 연향宴享에는 음악音樂을 쓰지 말게 하소서.

• 《번국의주蕃國儀注》 복사본을 가지고 가게 하소서.

-《예종실록》권3, 예종 1년 1월 3일 무오

윤자운은 사신이 지나가는 고을과 역의 정부 문서를 모두 없애자고 했는데, 이를 보면 예종이 내려준 사목보다 좀 더 엄격해졌음을 알 수 있다. 또 이른바 남이의 옥獄에 대해 명 사신이 물어보면 감추지 말고 있는 그대로 답하자는 것으로 보아, 명 사신도 조선의 소식을 듣고 있었음을 알 수 있다. 이는 명 사신의 숨은 목적 가운데 조선의 정세 파악도 있었음을 짐작하게 해준다. 그리고 아무리 명 사신을 맞는 연회라 하더라도 지금은 세조의 상喪을 치르는 중이기 때문에 음악을 쓰지 말자고 했다.

예종과 윤자운의 사목에서 발견할 수 있는 특징은 명 사신 정통이 조선 출신이라는 점이다. 정통은 환관을 뽑아 보내달라는 명의 요청에 따라 보내진 인물인데, 1455년 이미 조선에 사신으로 파견된 적이 있었다. 정통과 같은 조선 출신 명 사신이 오면, 조선은 이들의 출신을 은연중에 언급하며 은밀한 부탁을 요청했고, 그들 중에는 실제로 명 내부의 정세를 알려주며 조선의 이익을 위해 도움을 주는 이도 있었다. 하지만 그들은 조선에 사는 자신의 친인척에게 혜택을 줄 것을 강요하기도 했고, 명 출신 환관보다 더 많은 뇌물을 요구하기도 했다. 지난번 사행에서 정통은 '조선의 산해진미를 가져오라'는 황제의 명을 앞세워 조선을 곤혹스럽게 했기 때문에 예종과 윤자운은 이번에도 예전처럼 자신의 지위를 이용해 개인적 용무를 해결할까 봐 걱정했던 것이다.

자신의 고향에 가겠다고 하면, 먼저 용무를 마치도록 유도하라는 지침은 이러한 배경에서 내려졌던 것이다.

반면 문관 사신의 경우 압록강을 건너면서부터 조선의 관리와 더불어 의례를 논의했다. 앞서 살펴본 윤자운의 사목에 보면《번국의주》를 가져가도록 하자는 것을 볼 수 있는데, 이 책은 명 태조 홍무제가 반포한 의례서로, 명 사신과 의례를 논의할 때 쓰던 조선의 기본 지침서였다. 문관 사신은 명 내부에서 행해지는 의례, 다시 말해 명 황제가 명의 지방에 관료를 파견했을 때 행하는 의례를 조선에서도 행하길 원했다. 그러나 조선은 우리는 명 태조가 반포한 의례서를 기본적으로 사용하며, 이 책에 없는 의례는 행할 수 없다고 버텼다. 명 내부의 의례를 조선으로서는 받아들일 수 없었던 것이다. 문관 사신이 올 때마다 반복되던 이 논쟁은, 결국 중종이 명의 요구를 수용하면서 일단락됐다.

명 사신이 조선에 들어오는 길은 정해져 있었다. 특별한 일이 없는 이상 숙박하는 곳도 일정했다. 앞서 명 사신의 숙박 장소를 정리하라는 사목을 생각해보면, 지역 고을의 행정 편의, 보안 등을 위해서 명 사신의 경로를 일정하게 통제하려 했을 것이다. 일반적으로 요동에서 압록강을 건너기까지 6~7일 정도 소요됐고, 압록강을 건너서부터 서울까지는 2주가량 소요됐다. 따라서 명 사신은 조선에서만 최소 한 달은 머물러야 했다. 사신은 그 목적을 이루면 곧 돌아가는 것이 원칙이었으나, 사신에 따라 오래 머무는 경우도 있었다. 특히 조선 출신 환관일 때 머무는 기간이 길었다. 그들은 고향에 다녀오거나 금강산의 절에 가서 불공을 드리기도 했다.

천사天使의 가슴을 열어라!

사신이 한양에 머무는 동안 조선에서는 공식 연회 이외에 사신 일행이 머무르는 태평관으로 대신, 승지 등을 보내 특별 연회를 제공했다. 연회는 태평관뿐 아니라 야외에서도 이뤄졌다. 한양 도성 인근의 경치 좋은 곳을 두루 다니면서 연회가 이어졌다. 명 사신에게 관광을 시켜준 것이다. 명 사신이 조선에 오면 들렀던 대표적인 관광지는 두 곳인데, 하나는 한강(뱃놀이)이고 다른 하나는 개성부 인근의 총수산蔥秀山

조선시대 한강변 마을과 뱃길. 한강진에서 양화진까지가 한강 뱃놀이 코스였다.
〈경강부임진도京江附臨津圖〉(《동국여도東國輿圖》, 규장각한국학연구원 소장)에 표시

이었다. 전자가 조선에서 제공한 관광지였다면, 후자는 명 사신 동월董越이 직접 둘러보자고 해서 가게 된 곳으로, 동월이 다녀간 이후 명 사신이 조선에 오면 꼭 들렀다 가는 유람의 명소가 됐다. 이 두 곳에서의 유람은《조선왕조실록朝鮮王朝實錄》과《신증동국여지승람新增東國輿地勝覽》에 자세히 전한다. 기록을 바탕으로 당시 상황을 그려보자.

1450년 한겨울의 한강 뱃놀이_ 장면 1

1450년 윤1월 1일 명 사신 정사正使 예겸倪謙과 부사副使 사마순司馬恂이 경태제景泰帝의 즉위를 알리는 조서와 칙서를 가지고 한양에 도착했다. 조선은 이들을 접대하기 위해 공식 연회에 이어 특별 연회를 마련했다. 조선에 체류한 지 14일째 되는 날 예겸은 한강을 구경하기 위해 한강루漢江樓로 길을 나섰다. 공조판서 정인지鄭麟趾와 한양부윤 김하金何의 요청으로 부사 사마순도 동행했다. 조선의 요청으로 부사가 함께했다는 것으로 보아 공식 일정이 없는 날은 정사와 부사의 일정이 일치하지 않는다는 것을 알 수 있다. 옛날에도 출장 중 공식 일정이 없는 날은 자유 시간이었던 것 같다.

예겸과 사마순은 정인지와 김하의 안내를 받아 남쪽으로 말을 몰았다. 명 사신이 머물고 있는 태평관太平館(현 대한상공회의소 부근 추정)의 위치로 보았을 때 예겸과 정인지 등은 현 남대문로를 걸어 숭례문을 지나간 것으로 판단된다. 이들이 숭례문에 도착했을 때 신숙주申叔舟와 성삼문成三問이 기다리고 있었다.

정오가 될 무렵 한강루에 도착했다. 한강루 일대는 제천정이 있던 곳으로, 현재 서울 지하철 한남역 부근이다. 제천정은 태종이 세종에게 양위한 이후 도성을 벗어나 양주 등으로 사냥을 다닐 때 주로 머물렀던 곳인데, 그 쓰임새가 줄어들면서 점차 쇠락했던 것을 성종 대에 제천정이라는 이름으로 새롭게 바꾸어 단장한 곳이었다. 이 지역(현 한남동)은 지금도 한강이 내려다보이는 조망으로 유명한데, 이때부터 이미 전망 좋은 곳으로 알려졌던 것이다.

누각에 오르니 세종이 보내준 잔칫상과 좌부승지 이계전李季甸, 예조판서 허후許詡가 기다리고 있었다. 한강이 내려다보이는 상석에 두 사신이 앉았다. 술이 몇 순배 돌자 예겸이 먼저 시를 세 장이나 지었다. 시를 짓고 나니, 신숙주가 주변을 돌아보며 현판을 가져오라 했다. 현판은 미리 준비한 듯 화려하게 꾸며져 있었다. 예겸은 글씨를 못 쓴다면서 거절했지만, 이내 현판을 써 내려갔다. 명 사신에게 현판을 써달라는 것은 조선이 준비한 이벤트였다. 조선은 사신이 지방에 갈 경우 현판을 쓸 수 있도록 빈 현판을 준비하기도 했다.

술이 몇 순배 더 돌고 나자, 김하가 배를 타러 내려가자고 권했다. 예겸은 기다렸다는 듯이 자리를 박차고 일어났다. 조선은 이미 뱃놀이를 기획하고 만반의 준비를 해놓았다. 배 세 척을 하나로 연결해 흔들림을 최소화했다. 가운데 배에 예닐곱 명이 앉을 만한 걸상과 지붕을 마련하고, 한겨울의 강바람을 고려해 천장을 띠 풀로 덮었다. 그런데 문제는 생각지 못한 곳에서 나왔다. 걸상이 높고 천장이 낮아서

정선의 〈동작진銅雀津〉(1744년경)
한강에서 바라본 현 동작대교 남단 부근이다. 가운데 마을엔 현재 현충원이 자리하고 있다.
왼쪽의 숲이 지금의 서울 반포 지역이다.
개인 소장

밖이 잘 보이지 않았던 것이다. 밖이 보이지 않는다면 뱃놀이하는 의미가 없지 않은가. 예상 못한 변수에 정인지를 비롯한 조선인 일행은 당황했다. 걸상을 교체하는 데 상당한 시간을 소비하게 됐고, 마침내 걸상을 교체하고 출발했지만 곧 해가 지면서 어두워지기 시작했다. 밤중의 뱃놀이는 예상하지 못한 일이었다. 아무것도 보이지 않는 어둠, 겨울의 강바람, 식어버린 흥까지. 이날의 명 사신 접대는 명백한 실패였다.

1450년 한겨울의 한강 뱃놀이_ 장면 2

엇그제의 여파가 강하게 남아 있던 1450년 윤1월 16일, 정인지와 김하는 예겸을 찾아가 양화도楊花渡(지금의 양화대교 북단 일대) 구경을 요청했다. 예겸도 엇그제의 뱃놀이가 아쉬웠는지, 사마순을 불러 함께 발걸음을 재촉했다.

일행이 양화도에 도착하니, 세종이 보낸 도승지 이사철李思哲과 병조판서 민신閔伸이 장막을 설치하고 기다리고 있었다. 일행은 말에서 내려 장막으로 들어가 차를 마시고, 한강을 바라보기 위해 잠두봉蠶頭峯(지금의 절두산)을 올랐다. 예겸이 산 이름을 묻자, 이사철이 원래 이름은 잠두봉인데, 백성들은 가을두봉加乙頭峰 혹은 용두봉으로 부른다고 답했다. 예겸은 산 이름을 듣더니 '용산龍山'이라는 이름을 붙여주면서, 명으로 돌아가면 《환우통지寰宇通志》에 꼭 담겠다고 했다.

봉우리에는 일행이 앉을 수 있도록 평평하게 자리를 갖춰놓았고, 나무를 얽어 난간까지 만들어놓았다. 그리고 엊그제 못지않은 진수성찬을 차려놓았다. 술이 몇 순배 돌자 예겸은 자리에서 일어나 난간 가까이 다가갔다. 햇빛에 반사된 강물이 은빛으로 물들고, 돛을 올린 배들이 현재의 밤섬과 선유도, 난지도 사이를 오가고 있었다. 강 너머에는 밭과 논이 펼쳐져 있는데, 초가집이 군데군데 모여 있었다. 그 뒤로 산과 산이 병풍처럼 둘러서 있는데, 옷깃을 흔드는 바람이 그 산에서부터 불어오는 것 같았다.

자리를 옮기자는 김하의 권유로 일행은 산에서 내려와 물가로 향했다. 배에 오르자마자 배는 빠르게 아래로 흘러내려갔다. 뱃머리에서 바라본 한강의 모습은 잠두봉에서 보았던 파노라마와는 전혀 다른 경관이었다. 강 물줄기를 따라 양쪽 언덕 위로 펼쳐지는 모습은 한강의 또 다른 매력이었다.

강 북쪽의 언덕으로 1000여 명은 돼 보이는 인파가 줄지어 서 있었다. 옷차림새가 다른 외국인을 구경 온 것이었다. 수많은 인파에 놀란 사마순에게 김하는 에둘러 이곳의 풍경을 보러 오는 사람들이 많다고 했다. 김하는 예겸과 사마순의 알 수 없는 표정을 못 본 척하며, 효령대군의 별장인 희우정喜雨亭(현 망원정)으로 일행을 이끌었다.

예겸과 사마순을 접대했던 한강 뱃놀이는 두 번의 시도 끝에 무사히 끝마칠 수 있었다. 한강 뱃놀이는 명 사신이 오면 으레 실시했는데,

정선의 〈금성평사錦城平沙〉(《경교명승첩》, 1740)
지금의 서울 양화대교 남단에서 북단 쪽을 바라본 모습이다.

사실상 공식 연회의 연장선상에 있던 비공식 연회였다. 실제로 명 사신 가운데 40퍼센트 이상이 한강을 관광지로 찾았다.* 한강의 주 경로는 장면 1에서 볼 수 있듯이 한강루에서 양화도까지 배를 타고 내려가는 것이었다. 첫날 예기치 못한 문제로 인해 배를 타지 못했기에 부득이하게 양화도에서 배를 띄웠을 뿐, 첫날 정상적으로 배를 띄웠다면 한강루에서 양화도, 즉 한남대교 북단에서 양화대교 북단까지 배를 타고 내려갔을 것이다. 조선은 사신을 접대하기 위해 뱃놀이만 준비한 것이 아니었다. 배를 타러 가기까지와 타고 난 이후의 모습을 보면, 치밀한 계산과 순간순간의 임기응변으로 명 사신을 대했음을 알 수 있다. 적절한 순간에 편액을 내와 사신의 학식과 글솜씨를 뽐낼 기회를 마련한다거나, 한 장소에 너무 오래 머물게 하지 않아 '지루하다'는 생각을 사신의 머릿속에서 지워버렸다.

배에 놓은 걸상이 높아서 경치를 제대로 볼 수 없었던 것이 옥의 티라면 티였을까. 예정대로 진행되지 못한 실수를 만회하고자 조선은 한강 뱃놀이를 다시 기획했다. 한강루(제천정)와 잠두봉으로 올라가는 길은 달랐다. 한강루로 갈 때는 숭례문을 나와 현 용산 부근에서 경의선을 따라 가는 길로 이동했을 것이다. 즉 한강을 바라보면서 간 것이다. 그에 비해 잠두봉으로 갈 때는 강이 보이지 않다가, 산을 넘어가면 강

---

* 이상배, 〈조선전기 외국사신 접대와 명사의 유관遊觀 연구〉, 《국사관논총》 104, 2004, 22쪽.

이 보인다. 이러한 특성을 반영해 두 번째 기획에서는 산 아래에 도착해서 차를 마셨다. 이동의 피로를 풀어준다는 이유도 있겠지만, 한강의 경치를 보았을 때 얻을 수 있는 효과를 극대화하기 위한 의도된 휴식이었다고 할 수 있다. 잠두봉 정상부에 마련된 자리에 앉으면 한강 북단에서 남쪽을 바라보게 된다. 시야의 왼쪽에서 오른쪽으로 강물이 흘러가고, 강에는 선유도·밤섬·난지도가 어우러져 장관을 연출했을 것이다. 이후 조선은 사신을 배에 태우고 앞에서와는 전혀 다른 경치를 보여주었다. 한 폭의 그림처럼 펼쳐지던 한강의 잔상이 남아 있는 사신은 자신을 그 그림 속의 주인공이라고 생각하지 않았을까?

총수산의 무릉도원

사신이 조선에 들어오면 접반사接伴使가 임명되는데, 접반사의 주 업무는 사신을 한양으로 안내하는 것이었다. 접반사는 사신이 압록강을 넘어 의주에 들어오면 사신을 맞이하고 사신의 성향을 파악했다. 그리고 그렇게 입수된 정보를 바탕으로 정부는 사신 대응 방안을 마련했다. 조선의 접대 목적은 사신이 최대한 흡족한 마음으로 돌아가는 것이었다.

한편 사신은 조선에서 임무를 수행해야 하므로 서둘러 서울에 도착해야 했다. 자신의 임무를 수행한 후에야 개인 시간을 가질 수 있었다.

따라서 조선의 비공식 접대는 사신이 임무를 수행한 이후 사신의 성향에 맞춰 기획됐는데, 이는 사신이 돌아가는 길까지 이어졌다. 특히 명 사신이 꼭 들르는 곳이 총수산이었다. 총수산 연회는 조선이 마련한 것이 아니라, 사신의 요구를 조선이 응해 준비한 것이었다. 총수산 연회의 탄생 배경이《신증동국여지승람》에 실려 있다. 이를 통해 당시 상황을 재구성해보자.

> 1488년 2월 25일 정사 동월과 부사 왕창王敞은 명 홍치제弘治帝의 즉위를 알리는 조서와 칙서를 가지고 압록강을 넘었다. 일행은 빠르게 길을 달려 3월 13일 모화관에서 조서와 칙서를 반포했다. 공무 수행을 위해 서두르면서도, 동월은 스쳐 지나가는 산세를 눈여겨보고 있었다. 보산관寶山館(황해도 평산도호부 소재의 역관)에서 유숙하던 날 동월을 맞이하러 나왔던 이조판서 허종은 "오늘 지나쳐온 산기슭에서 쉬려고 했는데, 제가 시간을 맞추지 못해 지나치고 말았습니다"라고 말했다. 허종의 발언으로 보아 쉬는 시간을 충분히 갖지 못하고 서두른 것에 대한 의례적인 발언으로 보인다. 그런데 동월은 지나쳐온 산의 이름을 물으면서 돌아오는 길에 경치를 구경하자고 답했다. 동월의 의외의 대답에 허종은 꼭 그리하겠다고 약속했다.
>
> 동월은 조선에서 오래 머무르려 하지 않았고, 공식 일정 외에 사적인 시간을 거의 갖지 않았다. 이는 조선 출신 환관이 사신으로 왔을 때와 극명하게 비교되는 부분으로, 과거시험 합격자들의 공통된 특징

이었다. 동월과 왕창은 모화관에서 조서와 칙서를 반포한 지 열흘 만인 3월 22일 한양을 떠나 명으로 출발했다. 명으로 돌아가는 길, 허종은 동월과의 약속을 지키고자 연회를 준비했다. 약속했던 산을 지날 때 허종은 두 사신을 연회장으로 안내했다. 흐르는 계곡물 옆에 차려진 큰 장막 안에는 이미 잔칫상이 놓여 있었다. 황해도 관찰사 윤민尹愍이 장막 앞에 서서 사신 일행을 기다리고 있었다.

동월과 왕창이 자리에 앉았는데, 좌우가 장막으로 막혀 시야를 가리고 있었다. 동월과 왕창의 시야에는 정면의 산세만 들어왔다. 술이 몇 순배 돌고 나서 동월과 왕창은 자리에서 일어나 계곡 쪽으로 내려갔다. 시원하게 흘러가는 물 위로 푸른 나뭇잎이 비치는데, 그 모습이 마치 푸른 파와 같았다. 동월은 허종에게 산 이름을 '귀 밝을 총聰'에서 '파 총葱'으로 고칠 것을 권했고, 허종은 의견을 받아들여 산 이름을 총수산葱秀山으로 고치겠다고 했다.

계곡을 구경하던 중 "여기가 곧 무릉도원 아니겠습니까?"라는 윤민의 말에, 왕창이 "그렇습니다. 과연 그러합니다"라고 답했다. 윤민이 술을 따르며 시중드는 사람에게 손짓하자, 갑자기 산마루에서 피리 소리가 들렸다. 동월과 왕창은 어리둥절해 고개를 들어 소리의 방향을 찾으려 두리번거렸다. 왕창이 손가락을 들어 가리키는 곳으로 동월이 고개를 돌리자, 계곡 반대쪽 벼랑에 원숭이들이 매달려 피리를 불고 있었다. 동월이 "원숭이가 피리를 불다니…" 하며 놀라워했다. 왕창은 크게 웃으며 "잘 보십시오. 저들은 사람입니다"라고 말했다.

동월이 눈을 비비며 다시 보니 두 졸병이 털옷을 입고 원숭이 흉내를 내며 피리를 불고 있었다. 동월은 술 한 잔을 꿀꺽꿀꺽 마시며 허탈하게 웃었다. 그런 동월을 바라보면서 왕창과 허종이 크게 웃었다. 자리로 돌아가 앉으려 하자 어느새 장막은 물가 근처로 옮겨져 있었고, 사람들이 분주하게 음식을 장만하고 있었다. 가마솥에는 노루고기가 끓고 있었고, 상 위로 물고기가 구워져 올라왔다. 일행은 술잔을 주고받으며 경치를 즐겼다. 해가 기울어 어두워지려 하자 동월은 그만 가야겠다면서 수레에 올랐다. 윤민은 떠나가는 동월과 왕창을 배웅하고, 허종은 동월의 뒤를 따라 평양으로 향했다. "오늘 우리가 보고 간 곳이 양화도와 백중세가 아니겠습니까?"라는 동월의 말에, 허종은 "오늘 이곳을 찾아낸 것은 오로지 공의 혜안입니다"라고 답했다. 동월은 "조선을 찾는 후인들이 이곳을 보고 나와 같이 느낀다면 참으로 다행이겠습니다"라며 오늘의 소회를 풀어놓았다.

동월의 바람은 조선을 찾는 명 사신들에게 전해져, 총수산은 명 사신이 찾는 관광 명소가 됐다. 동월의 은근한 요청으로 이뤄진 연회였지만, 조선의 준비는 철저했다. 순서대로 본다면 장막→계곡→장막으로 이어지는 장면 전환을 기획했고, 계곡에서 '원숭이 쇼'를 준비함으로써 정적일 수 있는 계곡에서의 시간을 지루하지 않게 만들었다. 장막에서도 처음과 달리 위치를 이동하고 노루고기와 생선을 준비함으로써 한정된 장소에서 여러 곳과 음식을 경험하도록 만드는 효과를 거두었다. 치밀한 준비와 적절한 현장 대응이 어우러져 명 사신 접대를 잘 수행해낸 것이다.

계곡에서 사람을 원숭이로 분장시켜 피리를 불게 한 것은 이날의 하이라이트였다. 이 또한 조선의 철저한 기획 속에서 진행됐다. 사신 일행을 자연스럽게 계곡으로 이끌었고, 황해감사 윤민은 무릉도원 이야기를 꺼내면서 동월로 하여금 무릉도원을 상상하게 만들었다. 그리고 그 순간에 맞춰 준비했던 원숭이 쇼를 보여준 것이다.

총수산 연회는 한강 뱃놀이와 장소만 달리했을 뿐, 명 사신의 마음을 얻기 위한 접대 그 자체였다. 15세기 조선은 때로는 예를 다해, 때로는 예를 넘어서더라도 명 사신의 마음을 얻기 위해 애썼다. 그렇다면 이러한 조선의 접대는 '이례적'인 것이었을까? 아니다. 오히려 일반적이라 할 수 있으며, 큰 탈 없이 지나간 경우라 할 수 있다. 태종 대에는 조선에서 보낸 공녀貢女가 마음에 들지 않는다고 직접 공녀를 선발하러 온 사신도 있었다. 자신의 고향을 승격해달라거나 혹은 친인척의 관직을 높여달라는 조선인 출신 환관 사신의 요구는 일상적인 일이었다.

한강 뱃놀이의 경우 앞에서 언급한 것처럼 구체적으로 묘사된 기록은 많지 않다. 대부분 '사신이 한강에 다녀왔다'는 단편적인 내용이다. 하지만 그렇다고 해서 사신끼리 덩그러니 다녀왔다고 볼 수는 없다. 앞서 살펴본 대로 조선의 고위 관료가 함께 다니면서 한강을 유람했을 것이다. 동월은 황제의 즉위를 알리는 조서와 칙서를 반포하러 왔을 뿐, 조선에 특별한 '요구'를 하러 온 것이 아니었다. 그렇기에 한양 체류 기간도 열흘 남짓이었다. 따라서 조선은 동월을 특별한 안전사고 없이 잘 보내주면 그만이었다. 하지만 그렇게 하지 않았다. 조선은 동월의 마음을 얻기 위해 노력했다. 조선은 사신과의 관계를 통해 명의 요구에 적절하게 응하면서도, 접대를 통해 무리한 요구를 비켜가려 했던 것이다.

조선, 비대칭 관계 속에서 줄타기

조선은 중원을 쟁취한 명을 상대해야 했다. 명은 북원을 쫓아내더니 곧 안남까지 정벌했다. 명의 중심부에 더 가까이 위치하고 있던 조선에 명의 군사력은 언제 터질지 모르는 살아 있는 화산과 다름없었다. 통일 제국을 상대해야 하는 조선을 생각해보자. 현실적으로 명과 무력 대결을 벌일 수 없는 조선의 입장에서 명으로부터 원하는 것을 얻어내기 위해서는 기본적으로 명에 수동적 태도를 취할 수밖에 없었다.

조선은 원元과 고려의 관계를 타산지석으로 삼았다. 고려는 원과 혼인을 통해 이른바 부마국駙馬國이 되었는데, 이후 고려 국왕의 아들이자 원 공주의 아들이 국왕으로 즉위하게 되면서 혈연관계가 자연스럽게 만들어졌다. 그런데 고려 말이 되자 중앙 정치 무대에 원에 기대 고려인에게 피해를 주는, 이른바 '부원배附元輩'로 대표되는 세력이 등장했고, 이들은 고려를 원의 지방으로 만들자는 입성책동立省策動을 주장하기까지 했다. 지방에서는 지역민이 통째로 원으로 귀부하는 사건도 일어났다. 비록 평안도 북쪽은 원으로부터 반환받았지만, 상당수의 백성이 압록강을 넘어 원으로 넘어갔다. 함경도 일대의 쌍성총관부는 공민왕이 수복하기 전까지 원의 영토로 편입돼 있었다.

조선은 고려의 교훈을 바탕으로 명과의 관계를 정립해 나갔다. 그 방법은 바로 '명을 지성으로 사대事大하면서, 사소事小를 요구하는 것'이었다. 이 개념은《맹자》의 "큰 나라로서 작은 나라를 섬기는 것은 하늘의 도리를 즐기는 것이며以大事小者 樂天者, 작은 나라로서 큰 나라를 섬기는 것은 하늘의 도리를 두려워하는 것이다以小事大者 畏天者"라는 구절에서 취한 것으로, 조선은 예禮로써 명을 섬겼다. 형식은 명에서 요구하는 대로 조선이 조공을 바치고 명의 책봉을 받는, 이른바 조공-책봉 관계였지만, 거듭 예를 말하면서 명도 조선을 예로써 대해줄 것을 요구했다.

그런 가운데 외교 현장에서는 조선의 이익을 극대화하고자 노력했다. 당시 명과 조선은 동등한 입장에서 관계를 맺을 수 없었다. 군사적, 문화적 우위를 점하고 있던 명과 그 주변부에 있던 조선의 관계는 기본적으로 비대칭 관계였다. 조선의 국력으로는 중원을 차지한 명을 어찌할 수 없었다. 따라서 조선은 명과 군사적 충돌을 최대한 억제해야 했고, 그에 따라 일정 정도 포기해야 할 것과 그럼에도 얻어내야 하는 것 혹은 지켜야 하는 것을 분류했을 것이다. 15세기에 보이는 조선의 명에 대한 접대는 바로 이러한 데서 연유한 것이라 할 수 있다. 명 사신에 대한 조선의 접대는 명의 비위를 거스르지 않으면서도 자신의 이익을 관철할 수 있는 방법이었다.

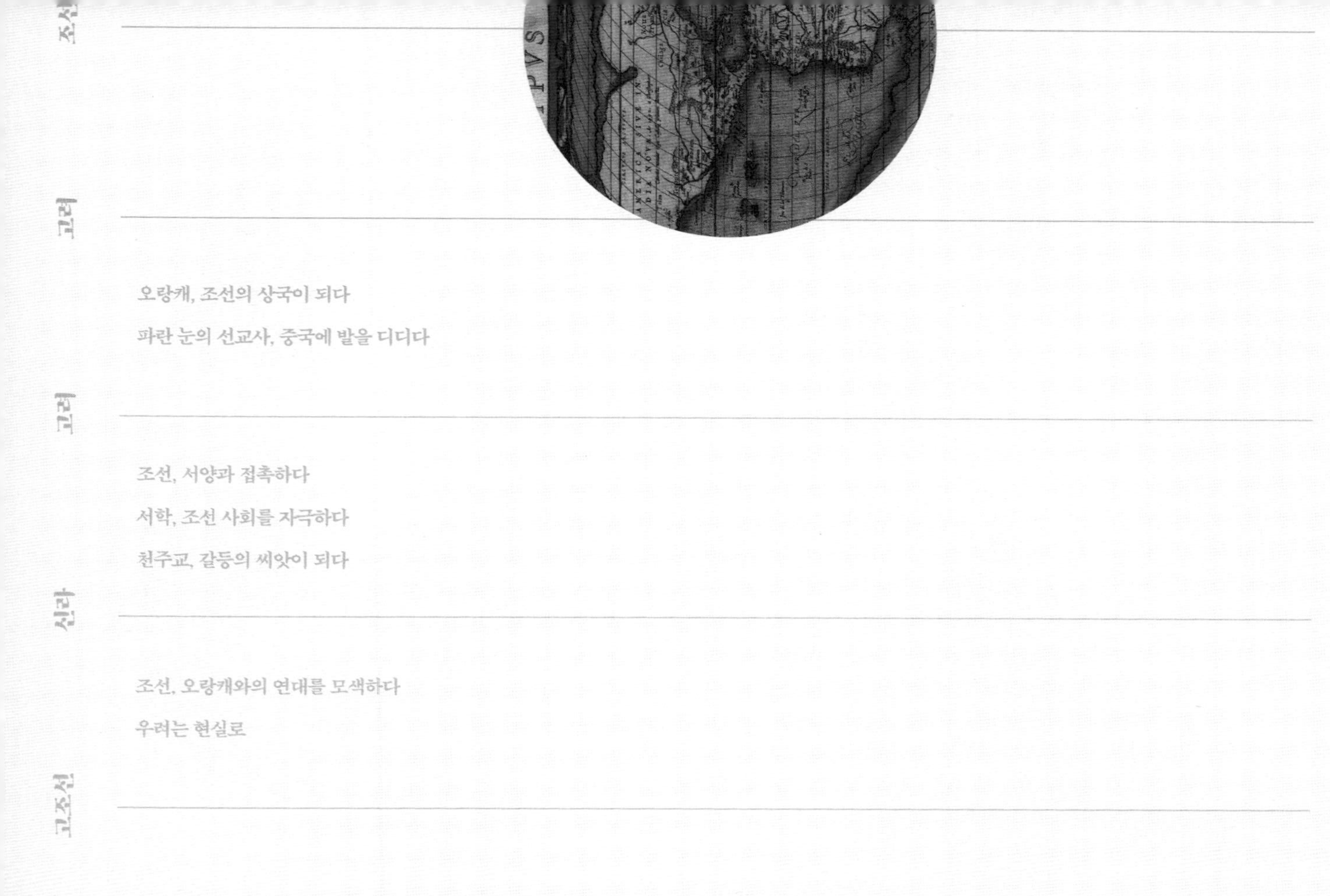

조선 / 명

고려 / 원

오랑캐, 조선의 상국이 되다

파란 눈의 선교사, 중국에 발을 디디다

고려 / 요·송

조선, 서양과 접촉하다

서학, 조선 사회를 자극하다

천주교, 갈등의 씨앗이 되다

신라 / 당

조선, 오랑캐와의 연대를 모색하다

우려는 현실로

고조선 / 한

조선 대한제국·일제강점기 한국전쟁 북한

오랑캐가 금수보단 낫잖아

19세기 조선은 왜 서양 대신 청을 선택했는가

이명제

청 청·중국 중국 중국

16세기 말부터 조선은 혼란에 휩싸이게 된다. 시작은 일본의 전국시대를 통일한 도요토미 히데요시의 침입으로, 이것을 '임진왜란'이라고 한다. 바통을 이어받은 것은 조선의 북쪽에 거주하던 여진족이었다. 조선 전기에는 이 여진족을 관리하기 위해 관직이나 식량을 주며 달래기도 하고, 정벌을 통해 실력행사도 했다. 하지만 임진왜란으로 인해 전 국토가 황폐해졌고 일본이 다시 쳐들어올 수도 있다는 위기감에 조선의 관심은 온통 남방에 쏠려 있었다. 엎친 데 덮친 격으로 임진왜란 당시 조선을 도와주었던 명 역시 내란에 휩싸이며 여진족을 견제할 수 있는 능력을 상실했다. 이 틈을 타서 여진족은 만주 지역에 '후금後金'을 건설하고 조선으로 쳐들어왔으니, 이를 '정묘호란'이라고 한다. 후금의 성장은 여기서 멈추지 않았다. 조선을 제압하고 몽골의 동쪽 지역을 정벌한 홍타이지는 국호를 청으로 바꾸고 자신이 황제가 됐음을 선포했다. 그리고 조선에 사신을 보내 명 황제를 대신해 자신을 섬기라고 했다. 그러나 조선에서는 부모와 같은 명을 배신할 수 없다고 거절한다. 이에 청이 다시 한 번 조선의 국토를 유린하니, 이것이 바로 '병자호란'이다. 청과의 전쟁 이후에도 조선을 위협하는 요소가 또 있었으니, 그것은 바로 서양 세력의 출현이었다. 서양 세력과의 첫 만남은 크게 유쾌하거나 불쾌한 것은 아니었다. 하지만 이들은 점차 조선을 비롯한 동양의 여러 국가를 압박하기 시작했다. 처음에는 학문을 통해서 그리고 종교를 통해서, 궁극에는 강력한 무기를 앞세웠으니 참으로 힘든 시간이었을 것이다. 그렇다면 지금부터 약 200년이 넘는 시간 동안 조선은 청과 서양 세력 사이에서 어떻게 행동해왔는지 이야기해보자.

오랑캐, 조선의 상국이 되다

전통시대에 중국中國은 세계의 중심에 위치하기 때문에 중국으로 불렸다. 그렇다면 중국을 차지하면 똑같은 중국이 되는 것일까? 우리 눈에는 그렇게 보일 수도 있다. 중국을 최초로 통일한 진시황의 진秦이나 항우와 일생일대의 격전을 거쳐 유방이 건국한 한漢 그리고 위대한 정복 군주 칭기즈칸과 그의 후예들이 세운 원 등등 이들 여러 나라의 역사가 모두 중국의 옛 역사라고 생각할 것이다. 그런데 조선인도 그렇게 생각했을까? 결론부터 이야기하면 아니다. 조금 더 정확히 이야기하면 진짜 중국이 있고, 가짜 중국이 있다고 생각했다. 그렇다면 진짜 중국과 가짜 중국은 어떻게 구분하는가? 세 가지 요소가 있다. 첫째는 한족漢族이 세운 국가여야 했다. 둘째는 중국 본토, 지금의 황허강 유역부터 양쯔강 유역 사이에서 성장한 국가여야 했다. 셋째는 유교 이념을 신봉해야만 했다. 바로 이 세 가지 요소를 고루 갖춘 나라만이 중국의 진정한 주인인 '중화'가 될 수 있고, 이것들을 갖추지 못한 나라는 오랑캐, 즉 '이적'일 수밖에 없었다(한반도도 중국의 동쪽에 위치하기 때문에 동쪽 오랑캐라는 뜻의 '동이東夷'라고 불렸다).

그렇다면 이 기준을 명에 대입해보자. 명은 한족 출신인 주원장이 건국했고, 베이징을 점령하고 있던 원을 물리치고 중국 본토에 세워졌다. 또 성리학을 관학으로 채택했으므로 유교를 신봉했다. 즉 명은 진짜 중국이 될 수 있는 세 가지 조건을 모두 통과한 것이다. 그뿐이겠는가. 임진왜란의 위기에서 조선에 원군을 파병했으니, 조선의 입장에서 명은 중국 중에서도 중국이었다. 당연히 기꺼운 마음으로 공손히 예를 갖추어 대접할 수밖에 없었을 것이다.

그런데 갑자기 불청객이 등장했다. 그들은 처음에는 12세기에 여진족이 세웠던 금을 계승한다면서 '후금'이라 자칭하더니 1636년에 이르러서는 '청'으로 이름을 바꾸고 황제국임을 선포했다. '그래, 혼자서 황제를 칭하든, 하느님을 칭하든 그게 무슨 상관이랴. 자기 마음이지'라고 생각하고 넘어갈 수도 있다. 그런데 그 청이 느닷없이 조선에 편지를 한 장 보낸다. 그것은 바로 황제의 대관식 초청장이었다. 말이 초청장이지, 이제 명 황제 대신 청 황제를 섬기라는 통보였다.

방금 전 진짜 중국과 가짜 중국을 나눴던 기준을 청에 대입해보자. 청은 만주족(이때 청은 여진족이라는 종족명마저 만주족으로 바꾸었다)이 세운 국가이자, 그 시기에는 아직 중국 본토에 들어가지도 못했다. 게다가 유교 이념을 숭상하기는커녕 말을 타고 전쟁을 일삼는 국가였다. 그야말로 가짜 중의 가짜였던 것이다. 더군다나 조선의 목숨이 경각에 달린 상황에서 원군을 파병했던 명을 배신하라니, 안 될 말이었다. 정묘호란 때 아무리 혼쭐이 났다 해도 조선으로서는 도저히 받아들일 수 없는 요구였다. 하지만 그렇다고 조선에서 아무런 조치도 취하지 않은 것은 아니었다. 오히려 대관식에 사신을 보냈다. 다만 청이 원하는 대로 홍타이지를 섬기겠다는 의미가 아니라, 정말로 황제를 칭하는지 염탐하기 위해 보냈을 뿐이었다. 참관이었던 것이다.

1636년 4월 11일 선양瀋陽에서 대관식은 예정대로 거행됐다. 그 자리에는 조선의 사신 나덕헌羅德憲과 이확李廓도 자리하고 있었다. 청 사람들은 이들이 당연히 새로운 황제에게 복종하러 온 것이라고 생각했기에 삼궤구고두三跪九叩頭(황제에게 무릎을 꿇고 세 번 머리를 조아리는 행위를 세 차례 반복함)의 예를 강요했다. 하지만 청 황제를 섬기기 위해서가 아니라 단순히 참관하러 왔을 뿐인 나덕헌과 이확은 끝까지 그 요구를 거절했다. 화려한 대관식에 초를 친 것이다.

조선 사신들의 행동은 이미 조선 정벌을 계획하고 있던 홍타이지의 결심에 불을 붙였다. 홍타이지는 압록강이 얼어붙는 겨울까지 기다렸다가 진격을 감행했다. 전쟁 발발 일주일도 안 돼 선봉 부대가 서울에 도착했고, 조선 국왕 인조는 원래 피신하려 했던 강화도 대신 부랴부랴 남한산성으로 몸을 숨겼다. 다시 이틀이 지나기도 전에 청군 부대는 남한산성으로 집결하기 시작했고, 47일 만에 인조는 항복을 외치며 남한산성에서 나왔다. 그리고 지금의 서울시 송파구에 위치한 삼전도에서 청 황제 홍타이지에게 삼궤구고두의 예를 행한다. 지난봄 조선의 사신이 망쳐놓은 미완의 대관식이 삼전도에서 완성됐다. 그리고 조선은 진짜 중의 진짜 중국을 대신해 가짜 중의 가짜 중국, 즉 오랑캐 국가를 상국으로 섬기게 됐다.

파란 눈의 선교사, 중국에 발을 디디다

조선에서 이러한 일들이 벌어지기 100~200년 전부터 세계의 교류 범위는 급격하게 확대되고 있었다. 명의 환관이었던 정화鄭和는 1405년부터 1433년까지 일곱 차례에 걸쳐 항해에 나선다. 정화의 원정은 아프리카 동쪽 해안까지 이르렀고, 명의 위력을 좀 더 멀리까지 과시할 수 있었다. 하지만 정화의 원정은 뚜렷한 목적이 있지도 않았고, 후대로 이어지지도 않았다.

얼마 지나지 않아 서양도 대항해시대에 접어들게 된다. 1492년 콜럼버스의 대서양 횡단을 시작으로 1497년 바스쿠 다가마의 인도양 개척 그리고 1522년 마젤란의 세계일주가 연이어 일어난다. 마젤란의 세계일주 성공으로 지구가 둥글다는 것이 증명되고, 동양과 서양은 직접적인 영향권에 접어들었다.

지구가 둥글다는 것이 증명된 이후 중국에 유의미한 족적을 남긴 최초의 인물은 선교사 마테오 리치Matteo Ricci*였다. 마테오 리치는 이탈리아에서 태어나 예수회 신학교에서 철학과 신학, 수학, 천문학 등 다양한 학문을 습득했다. 1582년 마카오에 도착한 리치는 이듬해 광둥廣東의 자오칭肇慶에 근거지를 마련했다.

마테오 리치는 자오칭에서 중국어와 한문 그리고 유교 경전을 공부하며 중국 선교를 위한 준비 작업에 착수했다. 또 리치는 원활한 선교를 위해 중국에 없었던 진기한 물건, 즉 천주경天主經(주기도문)·성모상·십자가·자명종·서양 악기 등을 가지고 중국인의 호의를 이끌어냈다. 그중에서도 리치가 가장 공을 들인 것은 세계지도였다. 세계지도는 중국이 세계의 중심이 아니며, 중국도 세계의 일부임을 보여줄 수 있는 중요한 증거였기 때문이다. 이를 통해 리치는 중국인이 스스로 무지를 깨닫고 서양의 선진 문물과 천주교를 받아들이길 원했던 것이다. 그래서 서양의 세계지도를 모델로 새로운 세계지도를 그려 중국 황제에게 바쳤다.

---

* 1552~1610. 16세기 중국에 들어온 이탈리아의 예수회 선교사. 중국명은 이마두利瑪竇.

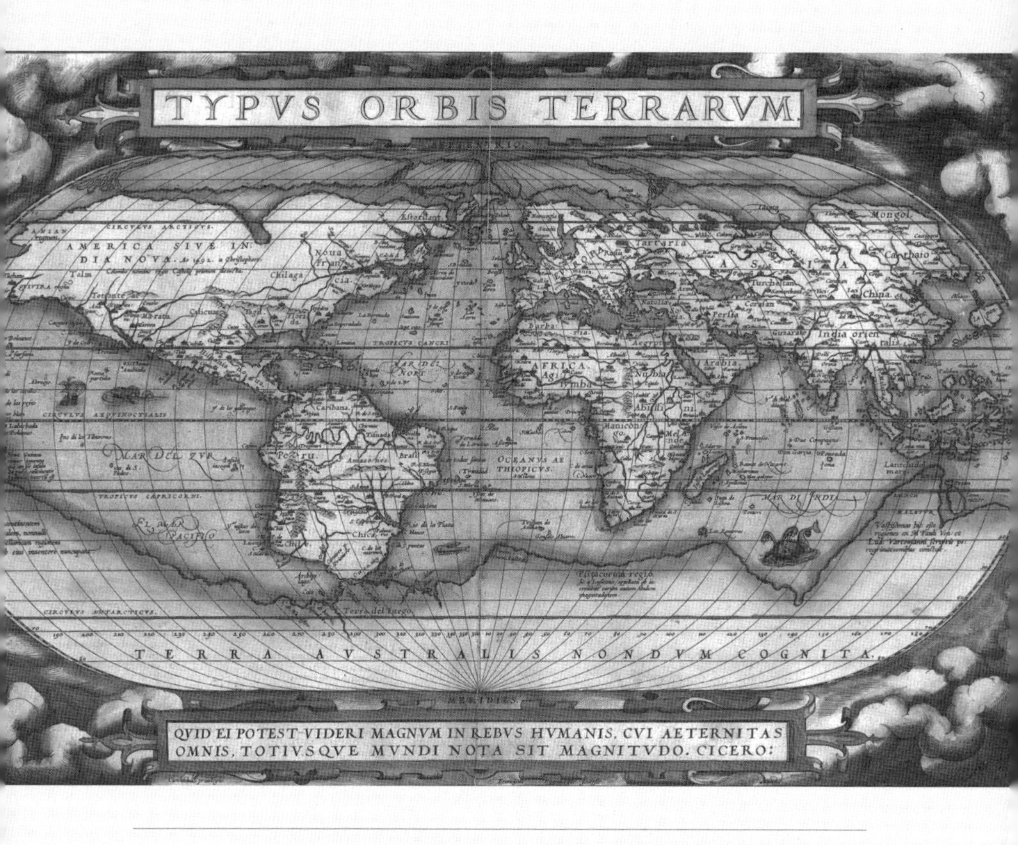

아브라함 오르텔리우스Abraham Ortelius의 세계지도(1570)
구형인 지구를 평면에 표시하기 위해 여러 가지 도법이 제시되었는데
그중 대표적인 것이 경선과 위선을 이용한 도법이다.
영국국립도서관 소장

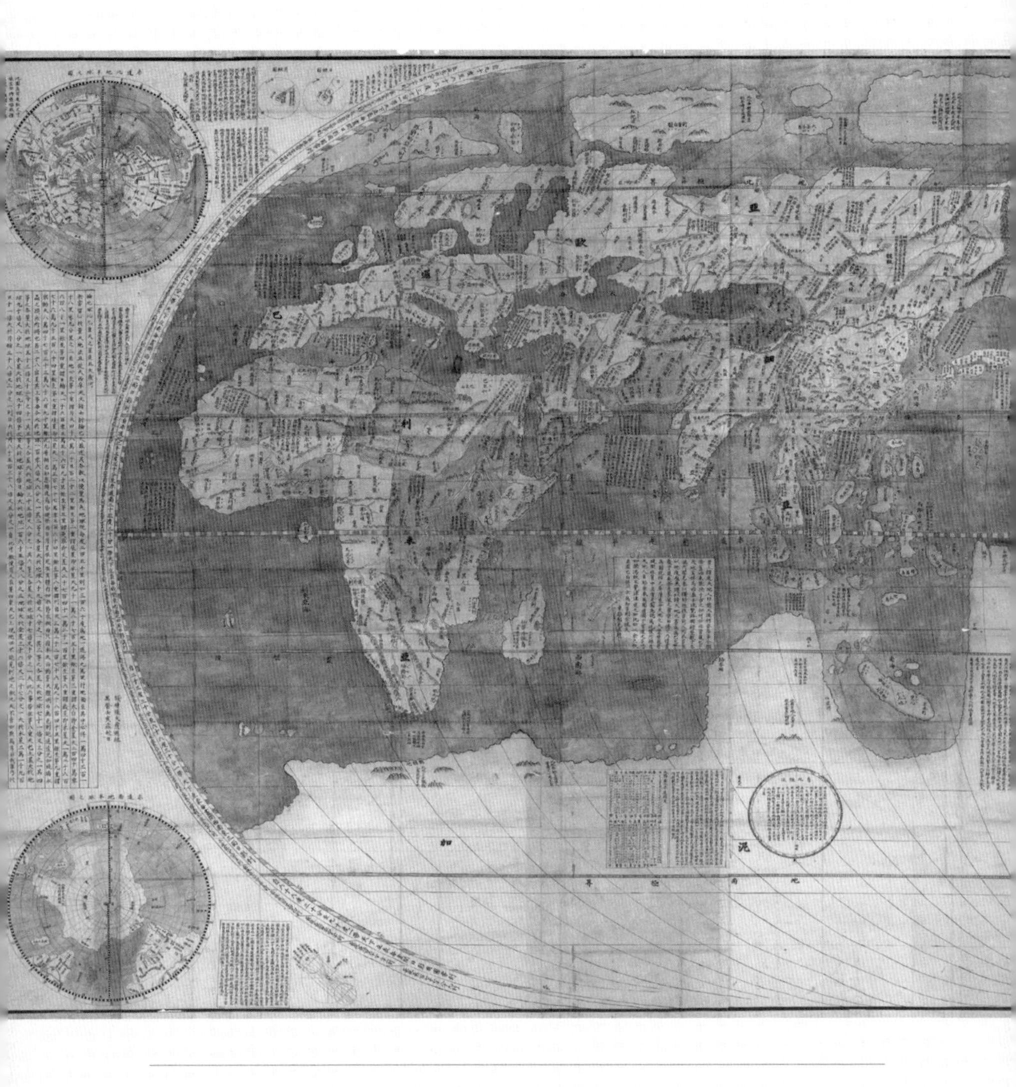

마테오 리치의 《곤여만국전도》
오르텔리우스의 지도에서 대서양이 가운데 놓여 있는 것과 달리
태평양이 가운데에 놓여 있다.
일본 도호쿠東北 대학교 도서관 소장

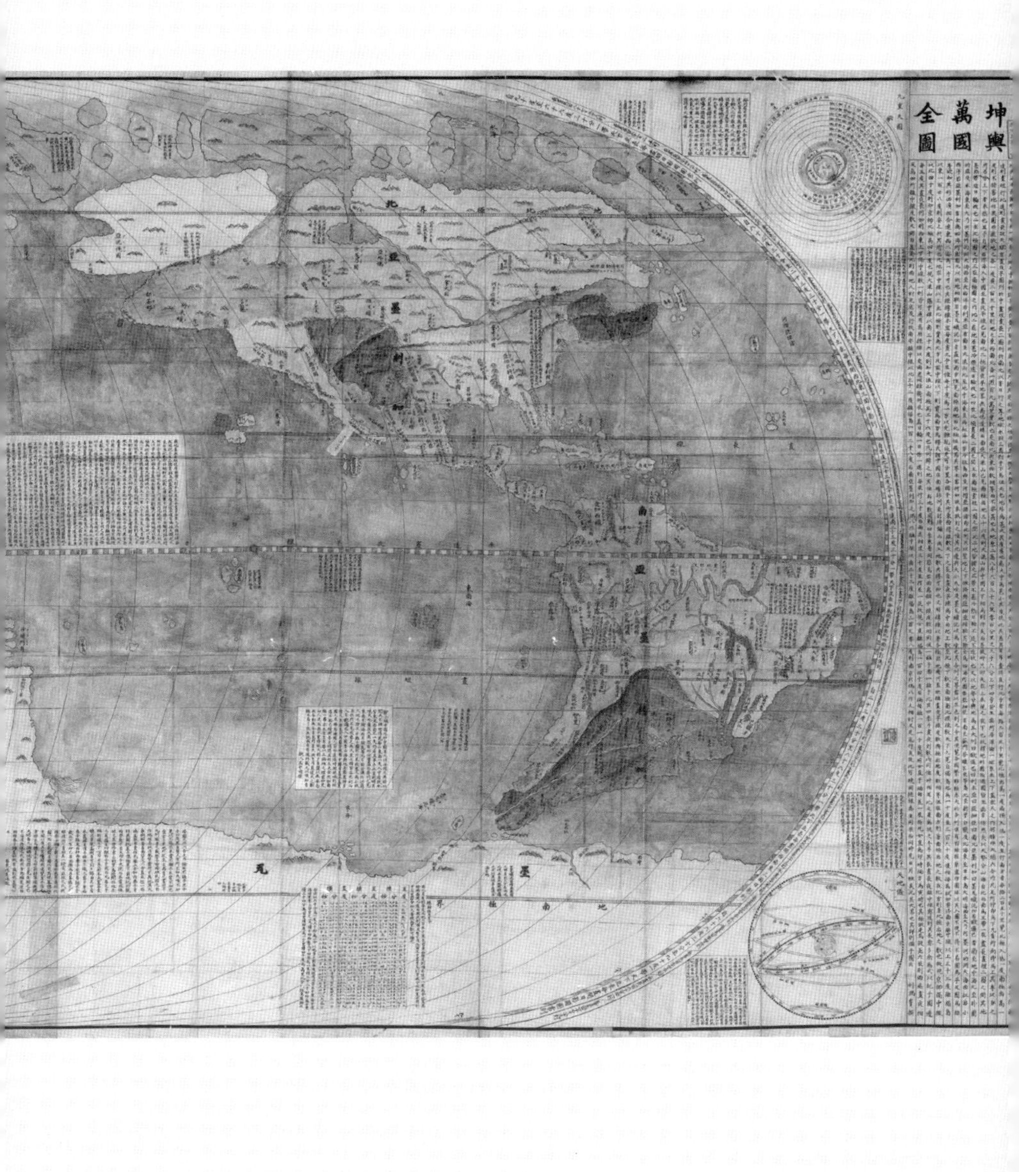
坤輿萬國全圖

하지만 마테오 리치는 중국 중심의 세계관을 노골적으로 비판하지 못했다. 오히려 유럽의 세계지도를 수정해서 태평양 지역을 세계의 중심에 배치했는데, 중국이 세계의 중심이라고 믿는 중국인의 심기를 거스르지 않으려는 목적이었다. 물론 마테오 리치는 중국을 중심에 가깝게 배치한 것을 두고 중국인의 편의를 위한 행위였을 뿐이라고 항변했지만, 그의 목소리는 일부 중국인에게만 전달됐을 뿐이다.

성과가 전혀 없지는 않았다. 1622년 중국으로 들어온 아담 샬Adam Schall*은 천문학 지식을 바탕으로 새로운 달력 제작법을 보급했다. 그리고 1644년 청이 명을 대신해 중국을 차지하자 궁정 전속 천문학 기구(흠천감)의 책임자 지위를 획득하게 됐다. 아담 샬은 흠천감정이라는 지위를 바탕으로 서양식 천주당을 설립하고 포교에 종사할 수 있는 자유를 획득한 것이다.

그러나 행운이 오래 지속되지는 못했다. 1660년대에 이르러 양광선楊光先을 비롯한 반서양 세력은 서양 선교사의 의도에 의문을 제기하고, 그들의 성과(천체 관측과 달력 제작 등)를 폄하하기 시작했다. 몇 차례의 공격과 방어를 거쳐 서양 선교사 집단은 궁정 천문학자로서의 지위를 유지하는 데는 성공했지만 포교 활동에는 제약을 받게 됐고, 중국 중심의 세계관에 균열을 내려는 작업 역시 수포로 돌아가고 말았다.

게다가 중국 문화와의 일정한 타협 아래 음지에서 행해지던 포교마

---

* 1591~1666. 독일 출신의 예수회 선교사. 중국명은 탕약망湯若望.

마테오 리치(좌)와 아담 샬(우)

왼쪽 그림에는 서양의 천문 기구와 피아노, 성모마리아가 그려져 있고, 오른쪽 그림에는 서양식 세계지도와 지구본, 천문 기구가 그려져 있다. 두 사람은 모두 동양의 의복과 관복을 입고 있으며, 마테오 리치의 뒤쪽으로는 한문으로 번역한 천주교 교리가 벽에 걸려 있다.

저 17세기 말부터 18세기 초까지의 전례 문제로 인해 크게 위축됐다. 그동안 마테오 리치와 아담 샬 등의 예수회 선교사는 중국 내에서 원활한 선교를 위해 중국식 이름을 짓고, 중국의 유교 경전을 탐독해왔다. 그리고 중국의 유교 문화와 기독교 문화의 유사성을 강조하고, 중국인의 조상에 대한 제사 역시 금하지 않았다.

하지만 뒤늦게 중국 포교에 나선 타 교파의 선교사들은 예수회의 선교 방식에 반대했고, 교황청에 문제를 제기했다. 결국 교황청은 중국의 조상 제사를 우상 숭배로 보고 금지했다. 교황청의 판결은 중국 사회에서 받아들일 수 없는 것이었기에 중국에서 천주교 포교는 엄격히 금지됐다. 서양 선교사들은 기독교 교리의 순수성을 지키는 대신 중국에서의 영향력을 크게 상실하고 말았다.

조선, 서양과 접촉하다

한편 오랑캐 국가 청을 섬기게 된 조선은 실의에 빠졌다. 심지어 패전의 충격에서 벗어나기도 전인 1644년 명은 멸망해버렸고, 청은 명실상부한 중원의 지배자가 됐다. 이제 조선으로서는 언젠가 명이 청을 제압해줄 것이라는 마지막 기대마저 사라진 것이다. 냉혹한 현실 앞에서 조선의 지배층은 청의 눈치를 살피기에 바빴다. 조선의 국왕이어도 청 황제의 비위를 거스르는 날에는 벌금으로 은 몇만 냥을 가져다 바쳐야 했고, 조선의 재상이라도 죄를 지으면 청으로 끌려가서 심문을 받아야 했다. 하지만 조선의 지배층이 굽실굽실 청의 비위 맞추기에만 급급했던 것은 아니다. 비록 조선 내부에서만 통용됐지만, 조선은 청이 '가짜 중국'일 뿐이며 조선만이 작지만 진짜 중국의 문화를 간직한 '소중화'라고 여기고 청에 위기가 찾아오기만을 손꼽아 기다리고 있었다.

그런데 청이 무너지는 날만을 손꼽아 기다리던 바로 그 무렵 낯선 이방인이 조선인의 시야에 들어오기 시작했다. 사실 조선은 폐쇄적인 사회였다. 공적인 업무 이외에 개인이 사적인 이유로 국경을 넘는 것은 당연히 엄격하게 금지돼 있었다. 개인이 외국을 다녀오는 사례는 죽음을 각오하고 몰래 국경을 넘어갔다가 밀입국하거나 배를 타고 바다에 나갔다가 풍랑을 만나는 등 불의의 사고를 만나는 경우뿐이었다. 다시 말해 사신으로 파견되는 것만이 합법적으로 외국을 방문할 수 있는 거의 유일한 수단이었다. 외국인이 조선에 들어오는 경우도 매우 드물었다. 조선은 국초부터 일본, 유구, 여진 부락과도 교류했지만 정기적이지도, 빈번하지도 않았다. 조선에서 가장 적극적으로, 주기적으로 교류했던 대상은 오로지 중국이었다. 중국은 폐쇄적인 조선이 세계를 볼 수 있는 거의 유일한 창구였다.

그런데 바로 그 중국에 낯선 이방인이 발을 들여놓기 시작한 것이다. 앞서 살펴보았듯이 마테오 리치는 세계지도를 그려 황제에게 바쳤다. 리치가 황제에게 바친《곤여만국전도坤與萬國全圖》는 불과 1년 뒤인 1603년 조선에 전해졌다. 조선이 이렇게 빨리《곤여만국전도》를 손에 넣을 수 있었던 이유는 중국에 매년 정기적으로 사신을 파견했기 때문이다. 비록 중국이라는 창구밖에 없었지만, 중국이라는 거대한 국가로 서양의 문물이 빠른 속도로 전달됐고, 그렇게 전달된 새로운 문물은 다시 빠른 속도로 조선에 전해졌다.

조선이 중국을 통해 서양의 문물을 빠르게 입수하긴 했지만, 1600년대 초반은 동아시아 사회의 격변기였기에 서양 문물에 대한 진지한 고민이 수반되지는 못했다. 더군다나 서양 선교사들 역시 중국 선교를 일차적인 목표로 삼았기 때문에 조선에 대해서는 깊이 생각하지 않았다. 소현세자처럼 서양의 선교사와 직접 교류하는 특수한 경우도 있었지만, 이 역시 인조의 질투로 인해 단발적인 사건으로 그치고 말았다.

조선에서 서양 문물에 대해 진지하게 고민하게 된 계기는 '시헌력時憲曆'의 도입이었다. 동아시아의 전통에서 '하늘을 살펴서 시간을 알려주는 것'은 황제의 고유한 권한이었다. 따라서 조선은 매년 중국에서 달력을 수령해 사용했다. 하지만 달력 수령은 상징적인 행위였고, 실제로는 조선도 중국 역법에 따라 달력 만드는 기술을 가지고 있었다. 즉 조선에서 제작한 달력을 중국에서 수령한 달력과 비교해서 확인하고 사용하는 방식이었다.

하지만 1644년 청이 명을 대신해 중국을 지배하기 시작했고, 앞서 말한 것처럼 서양 선교사 아담 샬을 천문학 기구 책임자로 고용해 달력을 제작하게 했다. 그렇게 서양의 역법을 통해 완성된 달력이 바로 시헌력이었다. 조선에서는 이전처럼 중국을 통해 달력을 수령했는데, 조선에서 제작한 달력과 큰 차이를 보였다. 어찌 된 영문인지 확인해 본 결과 서양의 역법을 통해 만들어진 달력이라는 사실을 알게 됐다.

조선의 시간은 중국을 기준으로 했기 때문에 조선에서 자체적으로 제작한 달력은 무용지물이 돼버렸다. 중국의 달력인 시헌력을 만드는 원리를 파악할 수 없으면 조선은 시간에 대한 통제력을 완전히 상실하게 될 것이었다. 조선의 천문 기구였던 관상감觀象監의 책임자 김육金堉은 곧바로 시헌역법을 배우자고 건의했고, 이에 조선 조정에서는 중국 사행에 관상감원을 동행시켜 서양 선교사로부터 달력 제작 기술을 배워오게 했다. 이렇게 조선은 시헌력이라는 달력을 통해 서양 문물과 접촉하기 시작했다.

서양 선교사들은 자발적으로 찾아오는 조선 사신에게 역법만을 전수하지는 않았다. '천주교 전도'라는 최종 목적을 달성하기 위해 한문으로 번역된 여러 서양 서적도 함께 전달한 것이다. 새로운 문물에 대한 저항감도 있을 법했지만, 서양 선교사들이 청 조정에서 일정한 지분을 가지고 활동하고 있었기에 조선 사신에게 그리 큰 거부감은 없었다. 그렇게 조선은 중국이라는 창구를 통해 서양의 문물을 받아들이기 시작했다.

서학, 조선 사회를 자극하다

한문으로 번역된 수많은 서양 서적이 조선 사회에 유통되기 시작하자 다양한 반응이 나타났다. 대수롭지 않은 듯 여겨 지나치거나 올바르지 못한 학문이라고 비판하는 사람, 서양의 과학기술에 감탄하는 사람 그리고 서양 문물을 본격적으로 탐구하기 시작하는 사람 등으로 말이다.

서양 문물을 본격적으로 탐구하기 시작한 최초의 집단은 성호星湖 이익李瀷을 중심으로 한 기호남인계였다. 이들은 숙종 연간(1674~1720)

에 점차 권력의 주변부로 밀려났고, 정치적 소외감을 다양한 학문 탐구로 메우기 시작했다. 이들은 양명학이나 성리학 이전의 고전 유학에 접근했고, 점차 서양의 학문까지 연구 대상으로 삼았다. 이익은 서양의 학문에 유익한 면이 있다고 인정하면서도 천주교만큼은 부정적으로 인식했다. 하지만 이익의 후세대 가운데서 일련의 집단은 천주교까지 신봉할 정도로 서학을 긍정했다. 결국 기호남인계의 일부 집단에서 자발적 천주교도가 탄생했고, 이승훈李承薰은 1784년 베이징 사행에 참여해 세례를 받기에 이르렀다.

서양 문물에 대한 관심은 노론계의 젊은 층에도 영향을 미쳤다. 좀 더 권력의 중심부에 있었던 이들은 자신들의 혈연과 학맥을 이용해 사신단에 참여했고, 사행 기회를 통해 천주당에 머물던 서양인 선교사와 직접 접촉하기 시작했다. 1765년 작은아버지 홍억洪檍의 수행관원으로 사행에 참여했던 홍대용洪大容 역시 베이징에서 60여 일간 머물면서 서양 문물을 둘러보고 선교사들과 필담을 나누었다. 이미 서양 과학에 조예가 깊었던 홍대용은 이들과의 만남을 통해 서양 학문에 대한 자신의 이해를 확인할 수 있었다. 그리고 그의 학문적 성취는 몇 편의 글을 통해 발표됐다.

> 중국은 서양에 대해서 경도經度의 차이가 180도에 이르는데, 중국 사람은 중국을 중심으로 삼고 서양을 대척점으로 삼으며, 서양 사람은 서양을 중심으로 삼고 중국을 대척점으로 삼는다. 그러나 실제로는 하늘을

이고 땅을 밟은 사람이라면 지역에 따라 모두 같으니, 땅을 구球라고 하는 설은 의심의 여지가 없다. (중략)

지구를 우주에 비교한다면 미세한 티끌만큼도 안 되며, 저 중국을 지구에 비교한다면 십수분의 1밖에 안 된다. (중략) 하늘에서 본다면 어찌 안과 밖의 구별이 있겠는가? 중국이나 오랑캐나 한가지다.

-《담헌서湛軒書》〈내집內集〉 권4, '의산문답醫山問答'

앞에 인용한 글을 살펴보면 서양 지리학에 대한 홍대용의 이해를 잘 알 수 있다. 홍대용은 이미 지구가 구 형태라는 것과 중국이 천하의 중심이 될 수 없다는 사실을 이해하고 있었다. 홍대용의 이 글이 진지한 학문적 사유의 결과물이 아니라는 점은 몇 차례의 연구에서 지적된 적이 있다. 하지만 홍대용이 서양 과학의 영향을 받았으며, 그로 인해 중국 중심의 세계관에 균열이 일어나기 시작했다는 지점까지는 부정할 수 없을 것이다.

이처럼 18세기에 접어들면서 서양의 학문은 중국을 통해 조선으로 유입됐는데, 그 영향은 조정의 천문학자에서 재야의 학자에 이르기까지 두루 미쳤다. 서양의 천문과 지리학은 점차 중국이 세계의 중심이라는 전통적 가치관에 도전하기 시작했고, 천주교는 서서히 조선에서 영향력을 키워가고 있었다. 이제 조선의 전통적 세계관은 새로운 물결에 어떠한 형태로든 반응해야 하는 순간이 다가왔다.

천주교, 갈등의 씨앗이 되다

앞서 살펴보았듯이 남인계 일부에서 서양의 학문을 넘어 천주교를 신봉하는 상황이 벌어지기 시작했다. 조선에는 천주교 선교사가 파견되지 않았기 때문에 이들은 오로지 서양 서적을 통해 천주교 교리를 익혔다. 신앙이 깊어질수록 성직자에게 세례를 받고 싶다는 갈망 역시 강해졌고, 결국 1784년 이승훈이 베이징에서 최초로 세례를 받게 된다. 그렇게 조선 땅에서 천주교가 점차 퍼져 나가는 가운데 1790년 베이징에서 천주교 신부를 만나고 돌아온 윤유일尹有一이 새로운 소식을 전해주었다. 천주교가 조상 숭배를 금지했기 때문에 천주교 신자라면 제사를 지내서는 안 된다는 것이었다.

이 소식이 전해지자 조선의 천주교 신자들은 당황하기 시작했다. 이전까지 자신들이 알던 천주교는 유교 이념을 보완해주는 역할을 했기 때문에 서로 공존할 수 있었다. 그렇기 때문에 국가 차원에서도 천주교를 강하게 탄압하지 않았다. 하지만 부모에 대한 효를 가장 중요시하는 유교 이념과 조상 숭배를 금지하는 천주교 교리가 맞부딪친 이상, 이제 이 두 가지 이념은 양립할 수 없게 됐다. 조선의 천주교 신자들은 유교와 천주교라는 선택지 중 하나를 택할 수밖에 없는 상황에 내몰렸고, 천주교를 선택하면 그 순간부터 고난의 길이 열릴 것은 분명했다.

결국 수많은 천주교 신자들이 신앙을 버리게 됐다. 하지만 모든 사람이 그랬던 것은 아니다. 정약용의 외사촌인 윤지충과 같은 사람은 여전히 신앙을 고수했다. 문제는 이듬해인 1791년 발생했다. 윤지충은 어머니가 돌아가시자 천주교 교리에 따라 신주를 불태워버리고 제사를 지내지 않았던 것이다. 이 사건은 조선 사회를 발칵 뒤집어놓았다. 효도를 세상의 어떤 가치보다도 중요시했던 조선 사회에서 윤지충은 말 그대로 어미·아비도 없는 패륜아로 내몰렸고, 결국 전주 감영에서 참수됐다(이 사건은 진산 사건 혹은 신해박해라고 불린다).

이 사건은 천주교 신앙에 대한 국가의 공식적인 박해였다는 점에서 큰 의미가 있다. 이전에도 천주교는 이단이기 때문에 엄금해야 한다는 의견이 제기된 적이 있지만 천주교가 유교와의 공존을 꾀한다는 점에서 심각하게 받아들여지지는 않았다. 당시 국왕이던 정조도 "우리가 정도(유교)를 잘 밝히면 불순한 학설(천주교)은 저절로 사라질 것"이라며 크게 염려하지 않았다. 하지만 이 사건으로 인해 천주교가 조선 사회의 가치관을 위협하는 이단의 학문임이 공식적으로 선포됐다.

조선의 천주교 신자들은 더욱 위축돼 또다시 많은 이가 신앙을 포기했다. 반대로 남아 있던 소수의 사람들은 더욱 강한 믿음으로 똘똘 뭉치게 됐다. 하지만 천주교에 비교적 온건한 입장을 보이던 정조가 죽으면서 다시 문제가 불거졌다. 순조가 어린 나이에 즉위하면서 모든 실권은 노론 벽파의 손으로 넘어갔다. 노론 벽파 측에서는 이 기회를 놓치지 않기 위해서 천주교 문제를 앞세워 남인을 대대적으로 숙청하려 했고, 그 결과 수백 명이 처형됐다. 이 과정에서 최초의 조선인 세례

전주 전동성당의 야경

전동성당은 천주교도 윤지충의 순교 터에 세워졌다.

자 이승훈과 정약용의 형 정약종도 희생됐으며, 정약용 역시 유배형을 받고 다시는 정계에 복귀하지 못했다(신유박해).

문제는 여기서 그치지 않았다. 당시 많은 수의 천주교인이 박해를 피해 산속으로 숨어들었는데, 그중에는 황사영이라는 사람도 있었다. 황사영은 이 문제를 타개하기 위해 조선의 천주교 박해 상황과 순교자에 대한 정보를 비단에 적어 중국에 있는 서양인 선교사들에게 전달하려 했다. 그런데 그 내용 중에는 조선을 청의 지방 정권으로 만들어 달라거나 서양의 선박과 군대로 조선을 공격해 신앙의 자유를 얻어달라는 내용도 포함돼 있었다. 황사영의 계획은 사전에 발각됐고 비단에 적은 편지도 압수됐다. 이 편지의 내용을 본 조정에서는 아연실색할 수밖에 없었다. 이전까지 천주교의 문제가 이념이나 가치관의 차원이었다면, 이제는 실존을 위협하는 수준으로 발전해버린 것이다. 결국 이후로 천주교를 비롯한 서양 학문은 사학邪學으로 배척됐고, 중국을 방문하는 사신단의 천주당 방문도 엄격하게 금지됐다(황사영 백서 사건).

조선, 오랑캐와의 연대를 모색하다

만약 황사영의 편지가 베이징의 천주당에 있던 서양 선교사에게 전달됐다면 상황은 바뀌었을까? 그렇지 않다. 앞서 살펴본 것처럼 베이징의 선교사들 역시 운신의 폭이 넓지 못했다. 조상 숭배 금지는 조선뿐만 아니라 청에서도 크게 문제가 됐고, 따라서 청에서도 선교의 자유가 박탈된 상황이었다. 따라서 당시 중국에 있던 선교사들이 조선 땅의 순교자를 위해 해줄 수 있는 일은 그리 많지 않았다.

다만 19세기에 접어들면서 서양 세력의 동양 진출에 가속도가 붙기 시작했다. 서양 국가들은 상인과 선교사를 대신해 군인을 파견하기 시작했고, 교역과 선교가 아닌 약탈과 점령을 자행하기 시작했다. 점점 더 많은 서양의 선박이 중국 해안에 나타나기 시작했으며, 이들 중 몇몇 선박은 표류해 조선 해안에 정박하기도 했다. 이미 황사영 백서 사건을 통해 서양 세력이 조선을 위협할 수 있다는 사고를 가지게 된 조선의 지배층에게 돌아가는 상황이 심상치 않아 보였음은 두말할 필요가 없다.

사실 18세기까지만 해도 조선의 주적은 다름 아닌 청이었다. 조선의 지식인은 정묘호란과 병자호란을 통해 조선 땅을 유린하고, 진짜 중의 진짜 중국이었던 명을 대신해 중국 행세를 하는 청에 대해 여전히 강한 적개심을 가지고 있었다. 예를 들어 영조와 정조 대에 영의정에까지 올랐던 채제공은 1778년 사신으로 임명돼 베이징을 다녀와서 여행기를 남겼는데, 원한을 삼키고 분통을 참아야 한다는 의미에서 여행기의 제목을《함인록含忍錄》이라고 지었다.

하지만 새로운 적이 등장하자 조선인의 생각은 바뀌기 시작했다. 조선인에게는 청이 아무리 오랑캐여도 검은 머리에 비슷한 음식을 먹으며 유교 경전도 읽을 줄 아는 친숙한 존재였다. 그에 반해 서양인은 생김새부터 노란 머리에 푸른색 눈을 한 도깨비 같은 모습이었으며 부모도 내팽개치는 해괴망측한 종교를 가진 낯선 존재였다. 더군다나 이들은 점차 동양을 군사적으로 위협해 들어오고 있었다.

적의 적은 동지라고 했던가. '조선 대 청'의 구도는 점차 '조선·청 대 서양'의 구도로 바뀌기 시작했다. 추사秋史 김정희金正喜의 숙부뻘이었던 김노겸金魯謙은 '중국이 무사해야 조선도 편안하다'고 했고, 1832년 베이징을 다녀왔던 김경선金景善은 청의 성곽 정비가 부실한 것을 보고 매우 걱정하기도 했다. 청을 오랑캐라고 부르며 얼른 망하기만을 바라던 때와는 태도가 완전히 달라진 것이다.

1840년 영국과 중국 사이에 아편전쟁이 벌어지자 서양에 대한 불안감이 더욱 커져갔다. 아편전쟁을 통해 서양 세력이 진짜로 동양을 군사적으로 무너뜨릴 수도 있다는 위기감이 팽배해진 것이다. 이에 유신환俞莘煥은 "중국이 평안해야 조선도 평안하며 중국이 불안하면 조선도 불안해지니, 우리는 청의 상황을 예의 주시해야 한다"라고 강하게 주장했다.

서양에 대한 불안감은 곧 적대감으로 바뀌었다. 1811년 베이징을 방문한 이정수李鼎受는 "마테오 리치가 중국에 온 뒤로 사람들이 금수가 돼가고 있다"라고 주장했다. 19세기의 저명한 학자 이규경李圭景 역시 1850년대가 되면 긍정적이었던 서양에 대한 평가를 바꾸어 '서양 학문이 사람들을 금수로 만들고 있다'고 비난했다. 이 말을 뒤집으면 곧 금수와 같은 서양인이 중국으로 건너와 온전한 사람들을 금수로 물들이고 있다는 뜻이 된다. 그런데 여기서 금수라는 말은 단순히 서양인을 비하하기 위해 짐승에 빗댄 것이 아니다. 중국 북송 대의 대학자 정이程頤는 "예의를 한 번 잃으면 이적이 되고, 두 번 잃으면 금수가 된다"라고 했다. 즉 '인간-이적-금수'라는 3단계 도식에 의해 문화적 차이를 구분한 것이고, 서양인은 이제 가장 아래 단계인 금수에 위치하게 됐다. 그리고 금수 서양에 대항하기 위해서 이적이었던 청과의 공동 전선도 불사하게 된 것이다.

우려는 현실로

혹자는 다음과 같이 조선의 역사를 평가한다. "사대주의적이면서 폐쇄적이었던 성리학으로 인해 조선은 근대화에 뒤처졌고, 그 결과 제국주의 열강의 먹잇감이 됐다"라고. 얼핏 보면 그럴싸하지만, 사실 이 말은 실제 역사와는 동떨어진 인식이다. 앞서 살펴본 것처럼 조선은 중국이라는 거대한 호수를 통해 빠르게 서양의 문물을 흡수하고 있었다. 그리고 이를 통해 과학을 발전시켰고, 새로운 종교를 받아들였다. 실제로 조선은 성직자의 파견 없이도 천주교 신자를 탄생시킨 유일한 국가다.

그리고 성리학은 그렇게까지 폐쇄적인 학문이 아니었다. 심지어 조선의 지식인은 오랑캐, 즉 이적이라고 생각했던 청에 대한 인식을 수정하기까지 했다. 물론 성리학의 핵심 이론을 교조적으로 신봉했던 이들이 있었지만, 그런 사람이 존재하는 것은 어느 사회나 마찬가지다. 현대에도 다양한 종교와 사상, 민족 문제 등에서 근본주의자와 현실주의자 간의 갈등이 계속되고 있지 않은가. 그런 점에서 우리는 서양의 학문과 공존할 수 있는 방법을 모색했던 수많은 현실주의자가 존재했음을 기억해야 한다.

그렇다면 무엇이 문제였을까? 시작은 동양 문화에 대한 이해 없이 서양의 문화를 강요했던 로마 교황청의 결정이었다. 이 결정으로 인해 조선 땅에서 동양과 서양의 문화가 공존할 수 있는 여지가 사라져버렸다. 그리고 무엇보다 중요한 문제는 서양 세력의 정치적, 경제적 야욕이었다. 서구 열강은 군사적 역량이 축적되자 곧바로 중국에 대한 태도를 바꾸어 제1, 2차 아편전쟁을 일으켰다. 그리고 점차 그 여파는 조선에까지 미쳤으니, 우리 모두가 알고 있는 병인양요와 신미양요 그리고 일본제국주의의 침탈 등이 바로 그것이다. 황사영의 바람대로, 즉 많은 조선인이 우려하던 상황이 현실이 돼버린 것이다. 그리고 조선은 제국주의 열강의 또 다른 피해자가 됐다. 그런데 피해자였던 우리는 왜 스스로 나서서 우리의 잘못을 따지고 있는 것일까? 잘못은 피해자가 아니라 가해자가 저질렀는데 말이다. 한 번쯤 다시 생각해봐야 할 문제가 아닐까.

고조선 신라 고려 고려 조선

19세기 동아시아 세계와 한국

개화파, 중국을 싫어하다

민중의 중국인 경험이 중국 혐오로 결합되다

중국의 한국 혐오 인식

민중의 힘이 혐오의 시대를 깨뜨리다

한국과 중국, 어두운 길을 함께 걷는 동지가 되다

한 당 요·송 원 명

조선 대한제국·일제강점기 한국전쟁 북한

혐오의 시대, 연대의 기억

20세기 초 한국과 중국의 동류 혐오와 극복

정종원

청 청·중국 중국 중국

한국사에서 가장 크게 변화하던 시대는 언제일까? 모든 시대는 그 나름대로 변화를 겪지만, 국제 질서와 국내 질서 그리고 사람들의 삶까지 가장 크게 변화한 시기는 아마도 근대라고 할 수 있다. 여기서 '근대'는 우리가 통상적으로 학교에서 배우는 근대, 곧 1876년 강화도조약에서 1945년 해방에 이르는 그 시기다.

매우 많은 것이 변화했던 근대에 중국에 대한 한국인의 생각도 크게 변화했다. 간단한 예를 들어보면, 지금 한국 사회에는 중국인을 더럽거나 야만스럽다고 생각하는 일종의 '중국 혐오'가 퍼져 있다. 그러나 근대 이전 중국은 국력과 문화의 힘이 모두 한국보다 우월했다. 한중 관계에서 때때로 충돌이 빚어지고, 이에 따라 중국에 적대적 감정이 생길 수는 있었다. 그러나 전근대에 중국을 문화적으로 멸시하는 현대 한국인의 중국 혐오와 같은 감정이 사회 전반에 퍼지기는 어려웠다.

오늘날의 중국 혐오 감정의 출발점은 근대다. 모든 것이 급속도로 변하던 근대에 중국에 대한 한국인의 인식에 거대한 변화가 생긴 것이다. 그러나 이 시대는 중국 혐오의 시대인 동시에 한중 연대의 시대이기도 했다. 일본에 맞선 한국의 독립운동은 해외 여러 나라 가운데 중국에서 가장 활발하게 벌어졌고, 중국인은 적극적으로 한국의 독립운동을 지원했다. 혐오와 연대, 이 모순된 감정이 펼쳐지는 역사 속으로 들어가보자.

19세기 동아시아 세계와 한국

19세기 중반 이후 동아시아 세계는 혼란의 연속이었다. 1839년에 발생한 제1차 중영전쟁(일명 아편전쟁)은 동아시아와 서양의 군사적 격차가 얼마나 큰지를 보여주는 사건이었다. 제1차 중영전쟁 당시 중국군은 2만여 명의 사상자를 낸 반면, 영국군 사상자는 500여 명에 불과했다. 이어서 벌어진 제2차 중영전쟁의 와중이던 1860년에는 중국의 수도인 베이징이 영국과 프랑스의 연합군에 의해 점령됐다. 동아시아 세계의 중심 국가였던 중국의 수도가 함락된 이 사건은 당시 동아시아 각국에는 매우 충격적인 일이었다.

중국은 이후 양무운동洋務運動을 일으켜 서양의 기계 문물을 들여오기 시작했다. 중국은 서양의 강대한 군사력을 경험한 이후 군사, 경제 등의 분야에서 서양 문물을 적극적으로 도입했다. 그러나 정치나 제도에서는 기존의 질서를 유지하려고 했다. 한편 비슷한 시기인 1868년 일본에서는 서양식 개혁을 주장하는 세력이 기존의 질서를 뒤엎고 정권을 장악했다. 일본은 이후 서양식 기계 문물만이 아니라, 각종 제도와 문화에 이르기까지 서양을 따라하는 개혁을 추진했다.

한국은 1860년대부터 이어지는 외세의 침략을 경험하다가, 1876년 강화도조약을 통해 일본에 항구를 개방함으로써 서양이 지배하는 세계시장에 들어가게 됐다. 이후 한국에서는 1880년대부터 서양식으로 국가를 개혁하려는 개화 정책이 추진됐다. 중국과 일본의 상황을 지켜보던 한국의 개화파는 일본처럼 기존 질서의 핵심 부분까지 개혁하자는 급진개화파와 중국처럼 기계 문물만 들여와서 부분 개혁만 하자는 온건개화파로 나뉘었다. 1884년에 일어난 갑신정변은 급진개화파가 개혁을 위해 일본의 군사력을 끌어들여 정권을 장악하려는 것이었지만, 실패로 끝나고 말았다. 갑신정변은 개화파 전체에 타격을 주어서 이후 한국의 개화 정책은 지지부진할 수밖에 없었다.

1894년에는 작게는 한국에서의 주도권, 크게는 동아시아의 패권을 놓고 중국과 일본이 전쟁을 벌였다. 이른바 청일전쟁이다. 이 전쟁에서 중국은 패배해 일본에 막대한 배상금을 지불했으며, 영토도 빼앗겼다. 청일전쟁 이후 중국이 약한 나라임을 확인한 독일, 러시아, 영국, 프랑스 등의 서양 열강은 중국의 영토를 강제로 빼앗고, 중국의 각 지방을 자신들의 세력권으로 만들려고 했다. 이처럼 서양 열강의 침략이 강해지자, 중국의 민중은 의화단과 같은 배외주의 단체를 중심으로 무력으로 저항하려고 했다. 중국 정부는 의화단의 운동에 편승해 서양 열강과 다시 한 번 전쟁을 벌였다가 패했고, 중국의 수도인 베이징은 또다시 서양 열강의 군대에 의해 점령됐다. 이 시기 중국은 서양 열강의 식민지가 될지도 모른다는 이야기가 퍼질 만큼 몰락했다. 비록 식민지화는 면했지만, 중국은 거액의 배상금을 서양 열강에 지불해야 했고, 수도 주변에 외국 군대가 주둔하는 것을 허용해야 했다.

이처럼 몰락해 가는 중국을 보면서 중국과 같이 부분적인 개혁을 하자는 주장은 조선의 개화파 내에서 모습을 감추었다. 그러다 1890년대 후반 이후 한국 개화파의 구도는 크게 문명개화파와 변법개화파로 나뉘었다. 문명개화파는 서양의 문물과 제도는 물론, 서양의 가치와 종교까지 받아들이고 유교 문명을 버려야 한다고 생각했다. 반면 변법개화파는 서양을 따라 문물을 받아들이고 제도를 서양식으로 개혁하는 것까지는 동의하지만, 유교 문명은 계속 유지해야 한다고 보았다.

문명개화파와 변법개화파는 이처럼 서로 차이를 가지고 있었지만, 한국이 생존하기 위해서는 서구식 개혁을 해야 한다는 것에는 동의했다. 그래서 그들은 '개화파'라는 하나의 범주로 묶일 수 있었다. 문명개화파는《독립신문》,《제국신문》과 같은 신문을, 변법개화파는《황성신문》을 발행했다. 1890년대에 민간 신문의 시대가 열린 이래 1910년 일본에 나라를 빼앗기면서 각 신문이 폐간되기 전까지 신문은 개화파가

뎨일권

독닙신문

뎨일호

조선 서울 건양 원년 〻월 초칠일 금요일

광고

논셜

大韓光武二年九月五日月曜日

光武二年三月二日農商工部認可

皇城新聞

每日刊行

第一號

論說

官報

《독립신문》과 《황성신문》 창간호

장악했다. 개화파는 이 시기에 신문이라는 대중매체를 통해 한국인의 생각을 급격하게 변화시켜 나갔다. 그렇다면 이때 개화파는 중국에 대해 어떤 이야기를 했을까?

개화파, 중국을 싫어하다

개화파가 중심이 된 한국 언론은 몰락해 가는 중국의 상황을 보면서 중국을 모욕하는 글을 쏟아냈다. 당시 중국에 대한 모욕적인 글에는 단순히 중국을 경계하는 것이 아니라, 중국을 싫어하는 혐오 인식이 깔려 있었다. 개화파가 이렇게까지 중국 혐오 인식을 퍼뜨린 이유는 크게 세 가지였다.

중국의 유교를 버려야 나라가 산다!

중국 혐오 인식의 첫 번째 원인은 세계는 지금 생존경쟁 시대인데, 여기서 살아남으려면 중국에서 온 유교를 버려야 한다는 생각 때문이었다. 개화파는 세계가 생존경쟁을 벌이고 있고, 이러한 생존경쟁은 정당하다고 보았다. 생물이 생존경쟁을 통해 진화해왔듯이, 인간 사회도 생존경쟁을 통해 진화하면서 발전한다는 사회진화론의 시각으로 세계를 본 것이다. 사회진화론에 빠진 개화파는 경쟁에서 승리하는 서양 문명을 높이 떠받들면서, 서양과 같이 돼야 세계적 생존경쟁에서 살아

남을 수 있다고 생각했다. 생존경쟁에서 뒤처지는 나라가 망하는 것은 당연하다고까지 생각했다.

사회진화론의 관점에서 보면, 한국이 살 길은 생존경쟁의 승자인 서양을 따라하는 것, 곧 당시 용어로는 '문명개화'를 하는 것이었다. 개화파 중에서도 문명개화파는 유교 문명을 버리고 기독교 문명이 돼야만 한국이 생존할 수 있다고 보았다. 그러나 당시 유교는 한국 사회를 지배하는 사상이어서 비판하는 것이 쉽지 않았다.

이런 상황에서 유교를 격렬하게 비난할 수 있는 방법은 유교가 중국에서 왔다는 점을 부각하는 것이었다. 문명개화파는 유교 경전은 중국에서 만든 책인데, 그것들이 해롭다는 것은 몰락해 가는 당시의 중국을 보면 알 것이라고 말했다.* 심지어 유교 전통을 지키는 사람은 다 중국으로 보내버려야 한다고까지 했다.** 몰락해 가던 중국의 현실을 근거로 삼아 유교를 철저하게 청산해야 할 것으로 몰아간 것이다. 더 나아가 이들은 서양화를 추구한 일본은 문명국이고, 몰락해 가는 중국은 야만국으로 인식했다. 그렇기에 이들의 눈에 청일전쟁은 문명과 야만의 전쟁이며, 문명국 일본이 야만국 중국에게 승리한 것으로 보였다.

반면 변법개화파는 중국과 일본을 야만과 문명으로 보는 문명개화파의 시각에 동의하지 않았다. 예컨대 《황성신문》은 청일전쟁을 일본

---

* 《독립신문》 1896년 4월 25일 자.

** 《독립신문》 1896년 8월 4일 자.

의 중국 침략으로 보았기에 일본이 눈앞의 이익 때문에 동양의 대국을 그르쳤다고 여겼다. 이처럼 변법개화파는 문명개화파만큼 중국을 야만으로 보거나 혐오하지는 않았다. 변법개화파는 기본적으로 유교 문명을 혐오하지 않았기에 중국에 대한 혐오 감정도 상대적으로 약했다. 그러나 변법개화파도 '개화파'로서 사회진화론을 공유했다. 당시는 생존경쟁 시대이므로 경쟁에 뒤처진 기존의 유교 전통을 상당 부분 변혁해야 한다는 생각은 가지고 있었다. 그래서 중국의 기존 질서 고수를 비판한 점에서는 변법개화파도 문명개화파와 큰 차이가 없었다.

독립해야 나라가 산다!

중국 혐오 인식의 두 번째 원인은 당시의 국제관계에서 나왔다. 한국과 중국은 오랜 시간에 걸쳐 조공-책봉 관계, 곧 사대 관계를 맺어왔다. 사대 관계에서 조선의 왕은 명목상 중국 황제의 신하였다. 중국은 이 사대 관계를 이용해 한국의 독립을 억압하고 끊임없이 한국의 내정과 외교에 간섭했다. 이는 한국의 개혁을 막은 주요 원인 중 하나였다. 그러나 다른 한편으로 사대 관계는 중국이 한국을 지켜야 하는 의무를 지는 것이었다. 그래서 1880년대에 급진개화파는 중국의 간섭과 침략에 민감하게 반응하며 중국과의 사대 관계를 폐기하려고 했고, 온건개화파는 중국의 한국 보호를 중요하게 생각해서 사대 관계를 유지해야 한다고 보았다.

청일전쟁에서 중국이 패하면서 중국은 한국의 독립을 인정하게 됐다. 이후 한국의 고종은 왕이 아니라 황제임을 선포했고, 이로써 중국과의 사대 관계는 공식적으로 끝났다. 그러나 사람들의 마음속에 있던 중국에 대한 의존감이 하루아침에 사라지지는 않았다.

문명개화파는 한국이 세계에서 제대로 된 국가로 인정받으려면 중국으로부터 국제적으로 독립하는 것이 급선무라고 생각했다. 이를 위해서는 중국과의 관계를 청산해야만 했다. 또한 사람들의 마음속에 있는 중국에 대한 의존심도 없애야 한다고 생각했다. 변법개화파 역시 한국이 독립 국가로서 세계무대에 서야 한다는 것에는 의견을 같이했다. 따라서 개화파가 중심이 된 신문에는 중국과의 의존 관계를 끊어내어 독립을 해야 한다는 생각이 강하게 투영됐다. 개화파는 중국에 대한 한국인의 의존심을 강하게 비판하고, 이를 막기 위해 자국의 역사서보다 중국의 역사서 보는 것을 먼저 하던 당시의 풍습을 격렬하게 비난했다.

개혁하지 못하면 중국처럼 망한다니까!

중국 혐오 인식의 세 번째 원인은 개화파의 국내 개혁에 대한 열망에서 나왔다. 1890년대 후반에서 1900년대 초반 시기는 중국이 몰락해 가던 때였다. 서양 열강에 의해 중국의 수도 베이징이 함락됐고, 당시 언론은 서양 열강이 중국을 분할 점령할 수도 있다고 추측하기까지 했다.

이런 중국의 상황은 개화파가 개혁에 반대하는 세력에게 보여주고 싶은 가장 좋은 예였다. 한국인이 가장 많이 아는 주변의 강대국 중국이 개혁을 하지 않다가 몰락했다는 사실은 개혁을 주장하는 사람들로서는 활용하기 좋은 사례였던 것이다. 문명개화파보다 훨씬 더 중국에 우호적 입장을 가진 변법개화파의《황성신문》조차 이러한 인식에는 동의했다.《황성신문》은 일본은 서양의 제도를 잘 따라서 열강의 인정을 받는 근대국가가 되는 데 성공했지만, 중국은 모든 일에 옛 법을 지킨 결과 내정이 부패해 외세에 의해 사분오열될 위기에 처했다고 보았다. 한국의 개혁을 주장하던 개화파는 몰락해 가는 중국을 통해 개혁을 하지 못하면 저렇게 된다는 위기의식을 느꼈다. 동시에 개화파는 중국의 사례를 크게 보도함으로써 국내에서 개혁의 정당성을 인정받으려 했다.

이 세 가지 원인이 중첩된 가운데 중국에 대한 혐오 인식은 상당히 강하게 나타났다. 개화파의 신문에서는 '중국이 세상에서 제일 천하다' 혹은 '중국인은 세계에서 가장 더럽다'는 등의 혐오 보도가 이어졌다. 이러한 보도에는 '한국은 중국과 다르다' 혹은 '중국과 달라야만 한다'는 조바심이 담겨 있었다. '중국과 같이 열강에게 모욕당하고 피해를 입는 나라가 돼서는 안 된다'는 조바심이 개화파에게 격렬한 중국 혐오 감정을 만들게 했고, 이것이 개화파가 장악한 신문을 통해 확산된 것이다.

민중의 중국인 경험이 중국 혐오로 결합되다

물론 중국에 대한 이러한 혐오 감정이 단순히 지식인의 상상으로만 만들어진 것은 아니다. 중국 혐오 인식의 원인은 당시 민중이 경험한 중국인의 행태에서 나온 것이기도 하다. 1880년대 중국이 강요한 무역조약(조청상민수륙무역장정) 체결 이후 중국 상인은 적극적으로 한국 시장에 침입해 국내 상업에 타격을 입혔다. 원래 외국 상인은 개항장에서만 무역이 허락됐는데, 중국의 강압에 의해 한국은 국내 시장을 일부 개방했다. 중국 상인은 자국의 위세를 등에 업고 조약의 규정을 넘어 한국의 국내 시장을 마음대로 헤집었다. 자본력과 상업 기술을 갖춘 중국 상인은 일본 상인보다 더 무서운 경쟁 상대여서 한국 상인을 곤경에 빠뜨리곤 했다.

게다가 한국에 거주하는 중국인은 한국에서 아편을 유통하는 가장 큰 유통망이었다. 한국은 중국과 달리 서양 국가들과 조약을 체결하면서 아편 무역을 금지했고, 중국과의 조약에도 이 조항을 넣었다. 그러나 중국인은 한국에서 치외법권적 특혜를 가지고 있었다. 한마디로 한국의 공권력은 중국인을 쉽게 처벌할 수 없었다. 그래서 중국인의 아편 흡연과 유통을 막는 것은 대단히 어려운 일이었다. 이러한 틈을 이용해 중국인은 아편을 유통했다. 한국의 국내 상권을 침탈하고 마약을 유통하는 이러한 모습은 민중이 중국에 대해 부정적 인식을 가지게 되는 원인이 됐다.

그러나 이러한 객관적 사실이 곧바로 중국에 대한 혐오 인식으로 바뀐 것은 아니다. 예컨대 당시 한국에서는 일본인의 행패와 폭력도 상당히 심각했다. 그러므로 일본에 대해서도 혐오 인식을 가질 이유는 많았다. 그러나 개화파는 정치적 의도를 가지고 자신들이 장악한 언론에서 일본보다 중국에 대한 혐오 보도를 쏟아냈다. 이러한 한국 언론의 보도는 당시 민중이 경험하고 있던 객관적 문제들과 맞물리면서 중국인에 대한 혐오 인식을 만들어냈다. 이 시기에 형성된 중국인에 대한 혐오 인식은 이후 한국인에게 깊이 뿌리내리게 됐다.

중국의 한국 혐오 인식

앞에서 이야기했듯이 한국의 개화파는 개혁에 대한 조바심 때문에 '개혁에 실패한 중국'을 혐오하는 중국 혐오를 퍼뜨렸다. 그런데 당시 개혁이 급한 것은 한국만이 아니었다. 중국 역시 일본에 패하고 서양 열강에 각종 이권을 빼앗기는 상황이었다. 한국의 개화파가 개혁에 조바심을 느끼는 만큼 중국의 개혁파도 개혁에 조바심을 느꼈다. 그래서 개혁 실패에서 오는 '패배자 혐오'는 한국도 개혁에 실패하면 그대로 돌려받을 수밖에 없었다.

멸망하는 한국을 바라보며

량치차오

한국은 1904년 러일전쟁 발발과 동시에 일본에 군사적으로 점령됐다. 이어서 1905년 11월에는 을사늑약으로 외교권을 완전히 일본에 빼앗겼다. 한국인은 저항했지만, 결국 1910년 나라를 일본에 완전히 빼앗기고 말았다. 중국은 이러한 한국의 상황을 유심히 지켜보고 있었다. 그래서 이전까지의 소극적인 태도를 버리고, 마침내 1906년 기존의 전제군주정을 고쳐서 입헌군주제를 시행하기로 결정했다. 이러한 개혁 논의 속에서 중국의 개혁파는 한국을 신랄하게 비난했다. 당시 대표적인 지식인으로서 큰 영향력을 가지고 있던 량치차오梁啓超는 다음과 같은 글을 썼다.

> 이제 조선이 없어졌다. 지금부터 세상에 조선의 역사가 다시 있을 수 없고, 일본 번속藩屬 일부분의 역사로 남아 있을 뿐이다. 3000년의 고국古國이 멸망하는데, 그와 친속親屬의 관계를 가진 이로서 어찌 이 일을 기록하지 않을 수 있겠는가?

이 글은 언제 쓰였을까? 조선이 없어졌다는 말이 나오니 1910년 한국이 일본에 병합됐을 때 쓰인 것으로 보일 것이다. 그러나 이 내용은 량치차오가 1904년 9월에 쓴 글 가운데 나오는 대목이다. 그 글의 제목은 바로 〈조선망국사략朝鮮亡國史略〉이다. 곧 '조선이 망하게 된 역사를 간략히 정리한 글'이다. 아직 한국이 망하지도 않았는데, 량치차오는 벌써 한국이 망한 것이나 다름없다면서 이런 글을 썼다.

한중 개혁파의 '데칼코마니'

량치차오의 이런 서술은 한편으로 보면 선견지명이긴 했지만, 아직 존재하는 국가에 대해 한 말로는 무척 지나친 것이었다. 이러한 지나친 공격성은 현실적인 필요에서 나온 것이다. 한국의 지식인과 마찬가지로 중국의 개혁파도 사회진화론과 경쟁의 관점에서 세계를 바라보았다. 중국의 개혁파 역시 개혁을 제대로 하지 못하면 경쟁의 시대에서 도태돼 멸망할 거라는 위기감이 컸다. 이렇듯 개혁에 대한 열망과 절박함은 두 나라의 개혁파가 똑같았다. 그들은 서로를 개혁을 잘하지 못한 해외 사례로 인식하고, 서로의 못난 모습을 근거로 자국의 개혁을 주장한 것이다. 한마디로 '데칼코마니'였다.

그래서 량치차오는 한국이 아직 멸망하지 않은 시점이었지만, 한국 멸망을 기정사실로 간주해 이런 글을 썼다. 그는 "조선은 스스로 망했다"라고 말했다. 한국이 망한 주된 원인을 일본의 침략이 아니라, 한국이 자초한 것이라고 설명했다. 량치차오는 자국의 병을 치료하지 않으면 어떻게 되는지 보여주기 위해 한국에 대한 글을 썼다. 그래서 한국 멸망의 근본 원인인 일본의 침략을 비판하기보다 피해자인 한국의 문제를 더욱 강하게 지적했다.

중국 개혁의 열망이 한국 혐오 인식으로 이어지다

량치차오는 1910년 한국이 망하는 것을 보면서 그해 9월 〈조선 멸망의 원인朝鮮滅亡之原因〉을 작성해 한국의 멸망 원인에 대해 좀 더 구체적으로 비판했다. 첫째, 한국 황제가 잘못된 자질을 가지고 있으며, 동시에 전제정치 자체에 구조적 문제가 있다고 지적했다. 둘째, 한국의 지배층은 오직 개인만 알 뿐 국가를 알지 못하며, 놀고먹기만 할 뿐 실질적인 일은 전혀 하지 않는 존재라고 지적했다. 마지막으로, 한국인은 자립하지 못하고 남에게 의지하는 천성을 가지고 있다고 지적했다. 심지어 량치차오는 합병조약이 발표되자 주변국 사람들은 동정의 눈물을 흘리는데 한국인은 흥겨워한다고 주장했다. 량치차오의 이러한 서술은 나라를 빼앗긴 고통과 울분을 견뎌야 했던 한국인에게는 퍽이나 가혹한 것이었다.

그러나 이러한 량치차오의 비판의 칼끝은 사실 중국을 향하고 있었다. 〈조선 멸망의 원인〉에서 량치차오는 한국을 비판하면서도 끊임없이 다음과 같은 문구를 덧붙였다. "우리는 어떠한가?" 사실 량치차오는 중국 정부의 전제정치를 비판하고, 입헌군주정을 오랫동안 주장한 학자였다. 또한 중국의 지배층에 대해서도 비판했고, 중국의 국민성에 대해서도 노예근성, 우매함, 극단적 이기주의, 나약함 등을 가지고 있다며 비판했다. 즉 한국에 대한 량치차오의 비판은 중국 정부의 전제정치 폐지, 중국 지배층과 국민의 각성을 위한 자신의 주장을 한국이라는 도화지를 배경으로 그린 것에 가까웠다.

도화지는 그림을 그리는 데 쓰는 종이에 불과하니까 진실 그 자체는 별로 중요하지 않다. 그러다 보니 량치차오의 글에는 명백한 허구도 들어갔다. 예컨대 량치차오는 합병조약이 1910년 8월 25일 발표될 예정이었으나, 8월 28일이 순종 즉위 4주년이기 때문에 한국 정부가 기념 축하연을 열고 나서 발표하자고 요청했다고 서술했다. 이런 이유로 8월 29일 한국의 멸망이 발표됐고, 그 직전의 기념 축하연에서 한국의 군주와 신하들은 평온하게 연회를 즐겼다고 했다. 그러나 이는 사실이 아니다. 여기서 중요한 것은 허구를 끌어들여 한국을 비난했다는 점이 아니다. 허구를 동원하면서까지 한국의 망국 과정을 과장해서 전달하고, 이를 통해 중국인의 각성을 촉구한 중국 지식인의 의도와 상황이 중요한 것이다.

한중 양국의 지식인은 국가 멸망의 위기 속에서 개혁에 대한 열망과 조바심을 공유했다. 서로에 대한 혐오 인식이 그들의 목표는 아니었다. 그러나 그들은 목표를 향해 달려가는 과정에서 서로를 향해 매우 날선 비난을 가했다. 한중 양국은 모두 서구 열강과 일본의 침략에 고통받는 피해자였지만, 서로 혐오하고 자신들은 저렇게 돼서는 안 된다는 인식을 만들어냈다. 피해자의 동류 혐오는 이렇게 형성됐다.

민중의 힘이 혐오의 시대를 깨뜨리다

그러나 혐오 인식이 극에 달할 때에도 연대를 지향하는 흐름은 끊임없이 이어졌다. 특히 변법개화파 계열인《황성신문》에서 연대를 지향하는 흐름이 나타났다.《황성신문》은 의화단사건 이후 중국 정부가 점차 개혁으로 방향을 틀고, 특히 1906년 광서제光緒帝가 입헌군주정을 시행하기로 결정한 것을 높이 평가했다.《황성신문》은 중국의 개혁을 한국의 모델로 여기면서, 중국을 여전히 한국과 연대할 대상으로 인식한 것이다.

신해혁명, 한국의 중국 인식을 바꾸다

1906년 선포된 중국의 입헌군주제 실시 계획은 광서제의 사망 이후 보수파가 정권을 장악하면서 폐기됐다. 이에 입헌군주제 실시를 바라던 광범위한 개혁파가 급진적 혁명파와 손을 잡게 되면서 1911년 신해혁명辛亥革命이 일어났다. 신해혁명을 통해 수천 년간 이어지던 군주제가 폐지되고 공화제가 수립됐다. 동아시아에서 가장 큰 나라인 중국에서 동아시아 역사상 최초로 공화제가 선포된 것이다. 이 사건이 준 충격은 컸다. 일제의 식민지로 전락해 있던 한국의 지식인은 중국의 혁명을 구경하기 위해 혹은 혁명에 동참하기 위해 중국으로 달려갔다.

1910년대 한국의 언론은 일본의 손아귀에 완전히 장악돼 있었기에 당시 한국인의 중국 인식을 살펴보기에는 어려움이 있다. 그러나 당시 한국 지식인의 편지와 시 그리고 해외 한국인의 신문에서는 중국 혁명에 대한 기대가 드러났다. 중국 혁명이 성공하면 식민지가 된 한국도 해방되고 민주주의 국가가 세워질 수 있다는 희망이 그들의 가슴속에 자리를 잡았다.

신해혁명을 통해 이제 중국은 망해 가는 나라가 아니라, 새로워지는 나라로 인식됐다. 아쉽게도 1911년의 신해혁명이 곧바로 완성된 공화국의 성립으로는 이어지지 않았다. 그러나 신해혁명을 통해 중국은 나태한 국민의 나라가 아니라 민중의 힘으로 군주정을 무너뜨릴 수 있는 역량을 가진 나라라는 점이 분명해졌다. 혐오의 틀로는 설명할 수 없는 새로운 모습을 보인 중국은 한국인에게 선망과 연대의 나라로 부상하게 됐다.

중국에서도 한국 인식에 변화가 시작되다

중국에서도 한국이 연대의 대상이라는 인식의 전환이 조금씩 일어났다. 1900년대 후반 중국의 언론은 당시 동아시아 뉴스의 중심지인 일본의 신문 기사를 받아 적는 경우가 많았다. 그래서 한국의 의병은 '폭도'로 보도됐다. 그러나 1909년 중국의 언론은 이토 히로부미를 저격한 안중근의 의거를 비중 있게 다루면서 동정적으로 보도했다. 안중근의 의거 이후 중국 언론은 조금씩 '의병'이라는 표현을 사용하기 시작했다. 안중근 의거를 통해 일본에 대한 한국의 저항을 다른 시각으로 볼 수 있는 인식의 전환이 시작된 것이다. 한국이 멸망했다고 부정적으로 서술했던 량치차오조차 한국인에 대해 혐오적인 언사를 쓰다가도 안중근에 대해서만은 "무릇 조선 사람 1000만 명 중에서 안중근 같은 이가 또한 한둘쯤 없지는 않았다. 내가 어찌 감히 일률적으로 멸시하겠는가"(〈조선 멸망의 원인〉)라는 표현을 덧붙이는 모습을 보였다.

량치차오의 표현에서 보듯이 안중근의 의거는 한국인에 대한 인식의 변화를 가져올 수 있는 계기였다. 그러나 안중근 한 명의 의거로는 한국인 전체에 대한 인식의 변화를 가져올 수 없었다.

3·1운동, 중국의 한국 인식을 바꾸다

중국이 한국에 대한 인식을 바꾸는 데 가장 결정적인 사건이 안중근 의거로부터 10년 후인 1919년에 일어난 3·1운동이었다. 3·1운동이 중국인의 한국 인식에 어떤 변화를 가져왔는지를 알려주는 가장 좋은 사례는 천두슈陳獨秀다. 천두슈는 중국의 5·4운동을 이끈 지식인이자 미래에 중국을 지배하게 되는 중국공산당을 창당한 주역이다. 천두슈는 3·1운동 이전 한국을 다음과 같이 인식하고 있었다.

> 조선은 땅이 작으며 백성이 나태해 예로부터 속국이었다. 군주와 신하의 탐오와 잔학은 비교할 수 없으며 일본에 합병된 이래 정치가 일어나고 도둑이 종적을 감추었으며 소송이 지연되지 않아 확실히 백성에게는

큰 복이라고 할 수 있다. 그러나 구주舊主(옛 임금)가 부흥을 꾀하며 강린强隣(강한 이웃)에게 항거하고 있으니 실로 큰 손해다.
-〈애국심과 자각심愛國心與自覺心〉, 1914년 11월

천두슈

3·1운동 이전에 천두슈는 한국인은 나태하고 한국 정부는 부패와 착취를 일삼는다고 보았다. 그래서 한국이 일본에 병탄된 이후 오히려 살기 좋아졌으며, 일부 한국인의 저항운동은 오히려 한국인에게 손해가 된다고 여겼다. 이러한 인식은 사회진화론의 관점으로 한국을 바라본 것이다. 한국은 도태돼야 할 국가이며, 식민지로 전락한 것이 오히려 한국인을 위해 좋다는 생각까지 한 것이다. 그러나 이러한 천두슈의 생각은 3·1운동을 접하면서 완전히 달라진다.

이번 조선의 독립운동은 위대偉大, 성실誠實, 비장悲壯의 명료하고 정확한 개념으로 민의民意를 사용했으되 무력武力을 사용하지 않아 세계 혁명사의 새로운 기원을 개척했다. 우리는 이에 찬미讚美, 애상哀傷, 흥분興奮, 희망希望, 참괴慙愧 등등의 감상을 갖게 된다. (중략) 우리는 조선민족의 영광을 회고하며 우리 중화민족의 위축에 굴욕감을 느끼지 않을 수 없다. (중략) 조선인의 활동을 보라. 무기가 없다고 반항을 못 했는가?

더욱이 주인공의 자격을 포기하고 제삼자가 됐는가? 우리는 조선인과 비교해볼 때 진실로 부끄러울 뿐이다.

-〈조선독립운동의 감상朝鮮獨立運動之感想〉,《매주평론每週評論》14, 1919년 3월 23일

3·1운동을 접한 천두슈는 한국의 독립운동을 위대하면서도 비장한 운동으로 보았다. 동시에 무력을 사용하지 않고도 민의를 표출한 것을 들어 '세계 혁명사에 새로운 기원을 개척'했다고 극찬했다. 그러면서 중국인에게 각성을 촉구했다. 중국보다 극히 열악한 상황에 있는 조선이 저항하는 것에 중국인은 부끄러움을 느껴야 한다는 것이다.

이러한 천두슈의 서술은 사실 이전의 서술과 공통점이 있다. 그것은 중국인의 각성을 촉구하기 위해 한국을 수단으로 삼는다는 점이다. 다른 점은 3·1운동 이전의 한국은 망한 나라, 망한 민족으로서 혐오의 대상이었다면, 3·1운동 이후 한국은 맨주먹으로도 분투하는 민족으로서 따라 해야 하는 대상, 곧 모델로 바뀌었다는 점이다.

천두슈 외에도 중국의 여러 지식인이 한국인이 비무장非武裝의 식민지 주민으로서 일본의 무력에 굴하지 않고 시위를 벌인 것을 높이 평가했다. 이들은 한국의 3·1운동을 "매우 문명스럽고"(천두슈), "정의의 깃발을 들고 극히 문명적이고 극히 장렬한 거동"(징메이주景梅九)으로 평가하면서, "조선 인민의 두려움 없는 혁명 정신에 비추어볼 때 독립 실현의 날은 반드시 도래할 것으로 단언한다"(《상강평론湘江評論》)라고까

지 말했다.

오늘날 한국의 촛불혁명이 비폭력 시위이자 질서 정연한 민주적 시위로서 세계의 인정을 받은 것처럼, 100년 전 3·1운동은 중국인에게 비폭력이라는 점에서 '문명적'이고, 막강한 힘을 가진 일본의 탄압에도 굴하지 않는다는 점에서 '장렬하다'는 인상을 주었다. 반면 일본은 폭압적인 진압을 하면서 '야만'으로 경멸됐다. 이전에는 야만스러운 한국에 문명을 가져다주기 위해 일본이 한국을 통치해야 한다고 생각했지만, 3·1운동을 계기로 중국에서는 한국이 '문명'이고 일본의 식민 통치가 '야만'으로 인식되면서 일본의 주장이 완전히 뒤집혀버렸다. 1919년 3월에서 4월로 이어지는 3·1운동의 절정기에 중국 언론은 3·1운동에 대한 보도를 수십 건씩 쏟아내면서 3·1운동의 상황을 중국인에게 전파했다. 중국의 지식인은 3·1운동을 격찬하면서 중국인의 각성을 촉구했다. 이런 과정을 통해 한국은 중국이 따라 해선 안 될 망해버린 나라가 아니라, 중국이 배워야 할 저항 정신의 상징이 됐다.

한국과 중국, 어두운 길을 함께 걷는 동지가 되다

신해혁명과 3·1운동을 통해 한국과 중국은 피해자끼리의 동류 혐오라는 함정에서 점차 벗어날 수 있었다. 두 사건을 통해 한국인과 중국인은 서로가 자신들의 환경에서 최선을 다해 분투하고 있음을 깨달은 것이다. 이제 피해의 원인이 내부의 나태가 아니라 침략 세력에 있음을 깨닫게 됐다.

1919년의 3·1운동은 한국인이 일본의 식민 통치에 대항해 싸운 운동이었고, 바로 연이어 벌어진 1919년의 5·4운동은 중국인이 일본의 중국 침략에 대항해 싸운 운동이었다. 각자가 분투하는 주체임을 깨달은 한국인과 중국인은 서로의 적이 같음을 인식하게 된다. 그래서 중국으로 망명한 한국인 독립운동가와 유학생은 중국 각지에서 연설하고 중국 언론에 글을 보내면서 5·4운동을 지지하고 고취했다. 3·1운동으로 이루어진 인식의 전환이 5·4운동을 통해 한중 연대로 나아가게 한 것이다.

1945년 해방까지 계속 이어진 한중 연대는 피해자로서의 동류 혐오에 갇혀 있었다면 일어나기 어려웠을 것이다. 아무리 공동의 적이 있다고 해도 서로 혐오하는 사람들이 함께 연대하기는 어렵기 때문이다. 그러나 신해혁명과 3·1운동을 통해 한국과 중국은 서로를 연대할 만한 존재로 인식했다. 그 인식 위에서 한중 연대가 성립된 것이다.

연대의 길은 고달픈 투쟁의 연속이었다. 그러나 어려움 속에서도 양국은 연대의 끈을 놓지 않았다. 동류 혐오를 극복하고 함께 열어젖힌 한중 연대는 거센 파도가 몰아치는 바다에 비춰지는 희망의 등대였다. 그 희망의 등대를 보면서 양국은 함께 어두운 길을 헤쳐 나가 마침내 해방의 문을 열어젖혔다.

해방 이후 상황은 복잡하게 전개됐다. 한국전쟁 이후 남한과 중국은 오랜 기간 동안 적대 관계에 있었다. 이 과정에서 연대의 기억은 수면 아래로 가라앉았고, 혐오의 기억이 다시 주된 자리를 차지하게 됐다. 또한 일본이라는 공동의 적이 사라지면서 연대 의식도 약해질 수밖에 없었다. 그러나 중국과 한국은 미우나 고우나 함께 살아가야 할 이웃 국가다. 미래에는 적을 상정하지 않고 공동의 번영을 위해 노력하는 동아시아의 새로운 연대 속에서 한중의 상호 인식이 발전하기를 기대해본다.

고조선 신라 고려 고려 조선

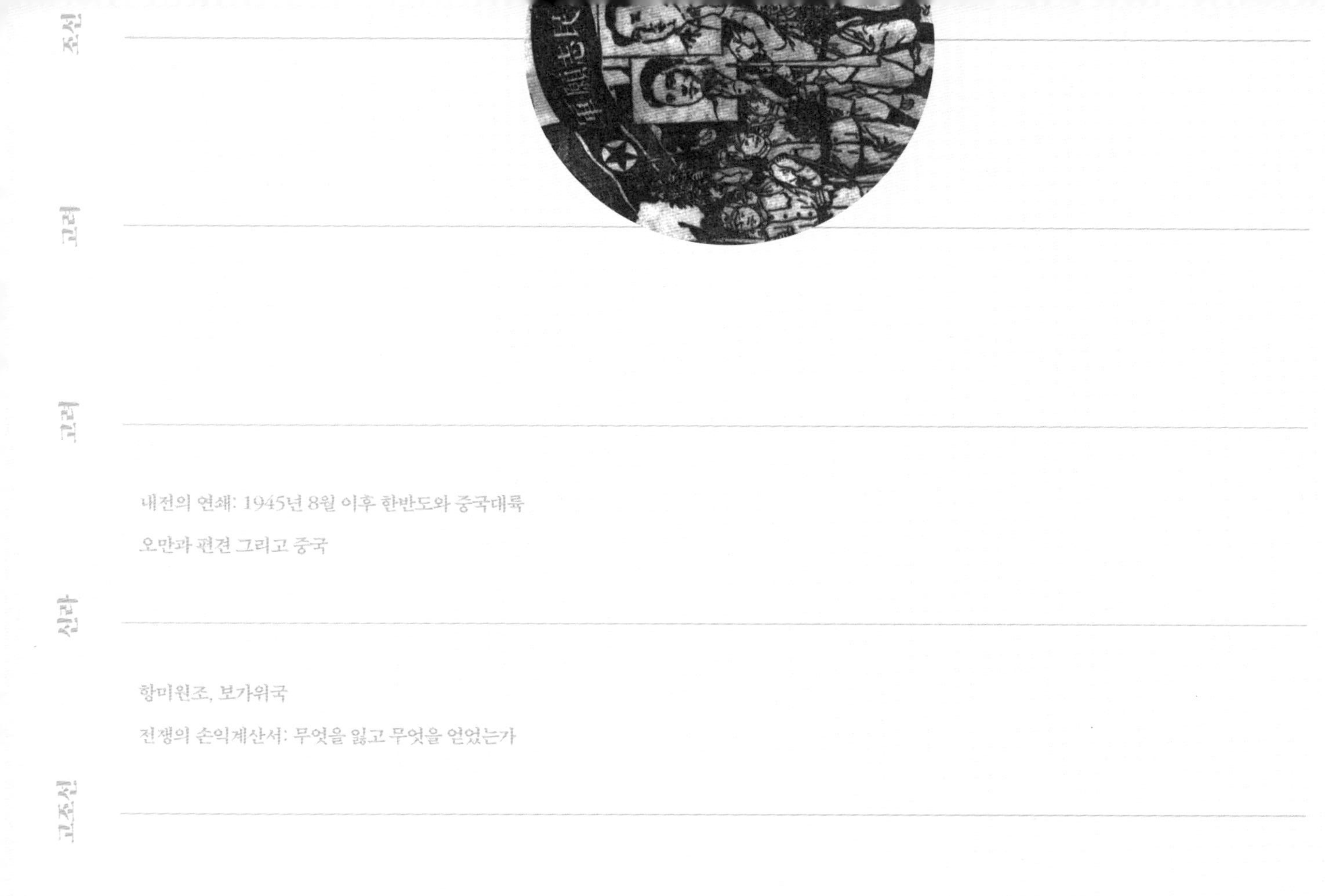

내전의 연쇄: 1945년 8월 이후 한반도와 중국대륙

오만과 편견 그리고 중국

항미원조, 보가위국

전쟁의 손익계산서: 무엇을 잃고 무엇을 얻었는가

한 당 요·송 원 명

조선 | 대한제국·일제강점기 | **한국전쟁** | 북한

미국에 맞서 북한을 돕고, 가정과 나라를 지키자

중국의 한국전쟁 참전기

김지훈

청 | 청·중국 | **중국** | 중국

내전의 연쇄

1945년 8월 이후 한반도와 중국대륙

1945년 8월 아시아태평양전쟁(중일전쟁, 태평양전쟁)에서 일본제국이 패배했다. 제국 일본이라는 힘의 공백은 또 다른 힘으로 채워졌다. 일본의 침략을 받았던 한반도와 중국대륙에서도 힘의 재편이 이루어졌다. 먼저 빈자리를 채워 나간 것은 제2차 세계대전 이후 세계 질서의 두 축으로 등장한 미국과 소련이었다. 한반도는 일본의 식민지에서 해방됐다. 그렇지만 북위 38도선을 기준으로 남북 지역에 각각 미군과 소련군이 진주하면서 전에 없던 분단의 대치 국면이 시작됐다. 중국은 일본을 상대로 승리를 거두었지만, 15년간의 전란을 겪은 온 나라엔 상처만이 남았다. 당시 중국 전역을 장악한 중국국민당 정부는 미국과 소련 사이에서 지원을 획득해야만 했다. 그러나 그들은 미국 및 소련과의 관계에서 만족할 만한 성과를 얻지 못했다. 특히 소련은 만주 지역을 점령하고 있었으며, 중국국민당과 관계를 지속하는 동시에 중국공산당을 지원하고 있었다.

다만 한반도와 중국대륙의 정세를 결정한 것이 미국이나 소련 같은 외부의 힘만은 아니었다. 내부의 힘 역시 작용했다. 한반도와 중국대륙에서 살던 사람들은 자신들의 손으로 국가를 건설하기 위해 노력했다. 이러한 노력은 이전 시기 일제와의 싸움 혹은 타협 속에서 싹터온 것이었다. 처음부터 이들의 생각이 확연한 경계를 가졌던 것은 아니지만, 대체로 자본주의와 사회주의라는 양 갈래로 정리될 수 있었다.

문제는 외부의 조건과 내부의 대응이었다. 미국과 소련이라는 외세의 힘이 작용하는 가운데, 내부의 갈등은 증폭될 수밖에 없었다. 미국과 소련은 한반도와 중국대륙에서 자신들의 영향력을 확보하려 했다. 더욱이 미국이 자본주의를 대표하고 소련이 사회주의를 대표하는 만큼 내부의 갈등은 점차 양 진영으로 분리돼 나갔다.

결국 한 땅 위에 서로를 인정할 수 없는 두 정부가 동시에 들어섰다. 상대방이 사라져야만 자신의 통치 근거와 존재 이유가 오롯이 증명되는 극한의 상황이 찾아왔다. 내전이었다. 한반도의 경우 3년간의 정치적 진통을 겪은 뒤, 1948년 8월과 9월 남북한에 각기 대한민국과 조선민주주의인민공화국이라는 서로 다른 체제를 지향하는 정부가 세워졌다. 중국은 정부 수립이 한국보다 살짝 늦었지만, 더 이른 시기에 전쟁과 정부 수립을 동시에 진행했다. 중국에서는 1946년부터 대륙의 패권을 두고 국민당과 공산당 양 세력 간의 내전이 시작됐다. 결국 1949년 10월 중국공산당이 중화인민공화국을 수립했다. 기존에 대륙을 차지했던 중국국민당의 중화민국은 타이완으로 물러났다. 하나의 중국을 위한 두 중국 간의 전쟁은 최종적으로 1950년 5월 중화인민공화국의 승리로 마무리됐다.

1950년 6월 25일 한반도에서 전쟁이 일어났다. 중국대륙에서 전쟁이 끝난 지 한 달 만이었다. 사실 한국전쟁 이전에도 남북한 사이에는 몇 차례 전투가 있었다. 그렇지만 1950년 6월 말 북한의 공격은 그 이전의 싸움과는 질적으로나 양적으로나 비교할 수 없는 것이었다. 북한은 이른바 '국토 완정'을 내걸고 한반도 남단까지 '해방'할 것을 목표로 했다. 사전에 치밀하게 준비한 북한군의 공격에 한국군의 방어선은 순식간에 무너져 내렸다.

한국전쟁의 초기 국면은 북한의 연전연승이었다. 전쟁 개시 3일 만에 수도 서울이 넘어갔다. 1950년 늦여름 한국군은 낙동강을 의지한 채 힘겨운 버티기를 이어갔다. 이 와중에 미군을 필두로 유엔군이 참전했지만, 초기 전황은 한국에 불리하기만 했다. 그렇지만 9월 중반 인천상륙작전이 전환점이 됐다. 허리가 잘린 북한군은 힘을 잃었다. 한달여 만인 1950년 10월 한국군과 유엔군이 한반도 북단까지 도달했다. 전세는 완전히 역전돼 이제는 북한이 바람 앞의 촛불과 같은 상황이었다.

오만과 편견 그리고 중국

1950년 10월 한국군은 유엔군의 지원에 힘입어 맹렬한 기세로 북상하고 있었다. 4개월 전에 비해 전세는 정반대였다. 평안도와 함경도 구석구석이 한국군과 유엔군에 의해 '수복'됐다. 한국 정부에 의한 '북진 통일'을 눈앞에 둔 상황이었다. 그런데 10월 25일 의문의 사태가 발생했다. 한국군 제1사단 제15연대가 평안북도 운산에서 중국군 병사 한 명을 포로로 붙잡았다. 이전까지 보고된 적 없던 새로운 적의 수상한 출현이었다. 한국군은 즉시 이 수상한 중국군 포로를 심문한 후 중국이 압록강을 건너 참전했다는 사실을 알아낼 수 있었다.

하지만 유엔군은 중국의 참전 사실을 인정하지 않았다. 한국군이 잡은 중국군 포로는 한국에 주둔 중인 미군 제8군사령부에서 심문을 받았다. 이후 중국군 포로는 일본 도쿄의 유엔군사령부로도 이송돼 심문을 받았다. 미군 제8군사령관 워커Walton H. Walker 장군이나 유엔군사령부의 맥아더Douglas MacArthur 장군은 중국군의 참전 사실을 대수롭잖게 평가했다. 중국에 거주하던 조선민족 출신 의용병이 북한군에 가담한 것이라고 인식했다. 즉 중국은 한국전쟁에 참전하지 않았다는 것이 1950년 10월 당시 미국의 생각이었다.

때로는 오만과 편견이 눈을 가리고 판단을 흐린다. 중국의 참전을 부정하는 유엔군, 특히 미군의 인식이 그러하다. 미국은 자국의 부대가 아직 중국군과 대결하지 않았고, 사로잡힌 포로들은 중국 동북 지역의 주력 부대가 아니라고 생각했다. 10월 말 맥아더는 한반도에서 승리 후 미군 철수와 새로운 군정 실시를 구상하고 있었다. 그는 11월 23일 추수감사절에 전쟁을 종료할 수 있을 것이라고 확신했다.

사실 그동안 중국이 한국전쟁에 참전할 것이라는 몇 가지 징후는 있었다. 그중 하나가 중국이 한국전쟁 직후부터 대규모 병력을 동북 지역으로 이동시켰다는 점이다. 한국전쟁이 시작된 직후 중국은 북한과 국경을 맞댄 동북 지역에서 군사력을 강화하기 시작했다. 1950년 7월 중순 25만여 명 규모의 동북변방군이 편성됐고, 8월 초 이들의 이동이 완료됐다. 미국도 중국군의 움직임을 알고 있었다. 하지만 미국은 중국군의 목표가 한반도 개입이 아니라, 압록강 방어라고 생각했다.

또한 중국은 유엔(국제연합)을 통해 한국전쟁에 개입할 수 있음을 지속적으로 시사해왔다. 1950년 9~10월 인천상륙작전으로 전세가 빠르게 역전된 뒤, 한국군과 더불어 미군 및 유엔군은 38도선을 넘어 북한 지역으로 진입하기 시작했다. 중국은 미군과 유엔군이 38도선을 넘어 북한 지역으로 진입한 것은 '북한이 침공하기 이전 상태로 한국을 회복'한다는 유엔의 참전 명분을 스스로 어기는 것이라고 비난했다. 중국은 유엔군의 38도선을 넘는 북진을 즉시 비난했다. 1950년 9월 30일 중국의 외교부장 저우언라이周恩來는 "중국 정부는 해외 침략을 용납하지 않을 것이며, 이웃 국가가 제국주의에 의해 침략당하는 것도 좌시하지 않을 것"이라고 언급했다. 10월 2일 저우언라이는 주중 인도

대사 파니카르K. M. Panikkar를 통해 "남한군이 아닌 어떠한 외국군도 국경을 넘게 되면 중국은 개입할 수밖에 없다"라는 경고를 전달했다.

그러나 이러한 중국의 경고에도 미국은 중국이 한국전쟁에 참전하지 않을 것이라는 낙관적 인식만을 가지고 있었다. 결국 유엔군은 10월 7일 38도선 이북 지역으로 북상했다. 중국 정부는 이 상황을 북한에 대한 미국의 침공으로 규정했고, 이를 참전의 명분으로 삼았다. 1950년 10월 8일 마오쩌둥毛澤東은 중국인민혁명군사위원회 의장의 성명으로 한반도에 중국인민지원군中國人民志願軍을 투입한다는 최종 명령을 내렸고, 19일 중국군은 얼어붙은 압록강을 건넜다.

현실을 직시하지 못한 대가는 컸다. 1950년 10월 25일 한국군과 유엔군의 눈앞에 갑자기 중국군이 나타났다. 전선 전반에 걸친 중국군의 첫 번째 대규모 공격이었다. 파도처럼 끊임없이 밀려오는 수많은 중국군을 보고 '인해전술'이라고 했다. 하지만 실제 전선에 투입된 중국군의 병력이 한국군과 유엔군에 비해 압도적으로 큰 것은 아니었다. 한국군과 유엔군은 너무 깊숙이 전진해 있었다. 중국군은 이러한 사실을 약점으로 간파하고, 야간에 산지를 이용해 기동하며 한국군과 유엔군의 뒤를 파고들었다. 즉 포위 전술이었다. 승리를 위해 가장 중요한 것은 싸우는 장소와 시간을 아군이 제어하는 것이다. 유엔군은 압록강을 넘어 산악 지대에 숨어든 중국군의 집요한 움직임을 미처 파악하지 못한 채 사방을 포위당한 것이다.

북한과 중국의 거센 반격에 한국전쟁의 전세는 다시 38도선 한반도

허리 부근의 원점으로 돌아갔다. 그리고 다시는 압록강과 두만강 땅을 밟을 수 없었다. 1953년 7월 27일 정전협정 체결 당시의 전선을 기준으로 굳어진 경계가 바로 지금의 '휴전선'이다. 중국의 참전으로 인해 한국으로서는 두 번 다시 없을 '북진 통일'의 기회를 눈앞에서 놓친 셈이다. 중국은 왜 하필 남의 나라 전쟁에 참전했을까?

항미원조, 보가위국

1950년 10월 19일 중국군은 얼어붙은 압록강을 건너 한국전쟁에 참가했다. 중일전쟁과 국공내전을 승리로 이끈 명장이자 중국 중앙군사위원회 부주석 펑더화이彭德懷 장군이 중국군 총사령관을 맡았다. 한국전쟁에 참가한 중국군의 정식 명칭은 '중국인민지원군'이었다. '중화인민공화국 인민이 조선민주주의인민공화국 인민을 지원하기 위해 자발적으로 조직한 군대'라는 뜻이었다. 한국전쟁에 중국 정부가 직접 개입한다는 인상을 피하기 위한 조치였다. 하지만 이것은 명목상의 조치였다. 중국인민지원군의 실체는 중국 동북 지역에서 재편돼 대기하고 있던 25만여 명의 중국 정규군이었다.

그런데 중국은 왜 압록강을 건너 남의 나라 전쟁에 참가한 것일까? 중국은 북한의 한국 공격을 철저하게 '내전'과 '혁명'의 관점에서 파악했다. 북한의 남진은 미국 제국주의자와 그의 지도를 받는 남한 꼭두

각시 정부로부터 남한의 인민을 '해방'하기 위한 것으로 이해됐다. 이는 기본적으로 북한의 입장이기도 했다.

한국 민족 간의 '내전'이라는 입장에서 중국은 미국과 유엔이 한국전쟁에 개입하는 것을 기본적으로 반대했다. 중국의 참전 목표 역시 미국과 유엔을 한반도에서 몰아내는 것이었다. 이러한 까닭으로 중국은 적어도 한국군을 제외한 유엔군 세력이 38도선 이북으로 북진하는 것을 외세와 제국주의의 침략으로 간주했다. 중국은 유엔군이 38도선을 넘은 것을 참전 명분으로 삼고, 자신들도 국경을 넘어 전쟁에 개입했다. 중국의 참전으로 인해 한국전쟁의 성격은 남북 간의 내전과 이에 대한 국제사회의 개입을 넘어, 냉전 시기 자본주의 대 공산주의라는 진영 간의 국제전으로 확대됐다고 평가할 수 있다.

한국전쟁에 참가할 때 중국인민지원군이 내건 표어는 '항미원조抗美援朝, 보가위국保家衛國'이었다. 이 말을 풀어보자면 '미국에 맞서 조선민주주의인민공화국을 돕고, 가정을 보호하고 나라를 지키자'는 뜻이다. 항미원조와 보가위국이라는 표어는 중국의 참전 이유를 집약적으로 잘 나타내고 있다. 이를 좀 더 꼼꼼히 살펴보자.

먼저, 중국은 '항미원조'라는 말뜻대로 북한과 함께 힘을 합쳐 한국전쟁에서 미국과 싸우고자 했다. 북한이나 중국 그리고 소련은 사회주의 국가다. 사회주의 국가는 국가 운영 방식이 한국이나 미국 같은 자유민주주의 국가와는 사뭇 다르다. 기본적으로 사회주의 국가는 공산당(북한은 조선로동당)의 지도하에 농민과 노동자의 힘을 결집해 혁명을

한국전쟁 당시 북한이 게재한 전단지와 중국인민지원군이
자국 병사들에게 배포한 만화책의 일부
양국의 우애를 다지고 미국에 대항한다는 인식이 잘 나타난다.
국립중앙도서관 소장

일으켜 정권을 잡고 국가를 운영한다. 공산당은 혁명의 주체 정당인 동시에 국가를 운영하는 유일한 정당이 된다. 그렇기 때문에 궁극적으로는 세계의 사회주의 혁명이라는 목적하에 사회주의 국가와 정당은 국제적으로 끈끈한 동지적 유대 관계를 가진다. 물론 현실적으로 국가와 국가 간의 만남에서 갈등이 없는 것은 아니다. 가령 당시 세계 최강대국 중 하나이자 사회수의 국가의 총본산인 소련이 가진 위계와 상징은 다른 사회주의 국가의 의사결정 과정에 큰 영향을 미쳤다.

사회주의 국가라는 특성에서 살펴보면 중국은 북한의 '내전'을 지원한 것이다. 북한이 남한을 '해방'하고 '혁명'하는 데 방해가 되는 '미제', 즉 미국 제국주의를 동지로서 같이 몰아낸다는 생각이었다. 실제로 중국과 북한의 입장에서 한국전쟁은 제국주의에 대한 공동 투쟁의 연속이었다. 중화인민공화국과 조선민주주의인민공화국은 일본과 미국이라는 두 제국주의에 대한 투쟁에서 탄생했다. 두 국가는 사회주의자인 동시에 일본에 대항하고 민족을 독립시키기 위해 투쟁한 마오쩌둥과 김일성을 중심으로 건국된 나라였다. 그리고 일제가 물러났을 때 이들에게는 또 다른 적이 있었다. 중국에는 국민당의 중화민국, 북한에는 남한 그리고 이들을 모두 뒤에서 조종하는 미제가 공동의 적으로 인식됐다.

북한이 먼저 중국의 내전을 도왔고, 그다음 중국이 북한을 도왔다. 중국의 국공내전 기간에 국가를 먼저 수립한 북한이 중국공산당을 도왔다. 특히 북한은 중국의 주요 산업 지대인 만주 지역에서의 싸움을 위해 각종 무기와 의약품을 제공했다. 그리고 일제강점기 중국에서 활약한 항일독립운동 부대들은 국공내전 기간에 중국공산당의 편에서 피를 흘렸다. 이러한 혁명의 연대 의식 아래 중국이 북한을 도운 것이다. 그리고 그 궁극적인 공동의 적은 미국이었다. 항일독립투쟁과 국공내전에서 살아남은 정예 부대인 조선의용군이 후일 북한군의 근간이 됐다. 한국전쟁 초기 북한군이 작전명 '폭풍'과 같이 몰아칠 수 있었던 이유도 바로 이들의 숙련된 전투 경험과 혁명이라는 철저한 목적의식 때문이었다.

두 번째로, '보가위국'이라는 논리는 중국 자국의 안보를 위해 북한이라는 존재가 필요하다는 것으로 이해된다. 전쟁도 결국은 자기 나라를 위한 정치적 행위다. 즉 앞서 살펴본 혁명을 위한 동지 간의 연대라는 이념적 동기 외에도 냉혹한 국가 대 국가 차원의 논리에서도 중국은 한국전쟁에 참가해야 한다고 보았다.

사실 이제 막 장기간의 전쟁을 끝내고 정권을 수립한 중국으로서는 한국전쟁 참전을 위한 대규모 군사 파견은 무리한 결정이었다. 더군다나 상대는 유엔과 세계 최강대국 미국이었다. 이에 중국 지도부 내에서도 반대 의견이 많았다. 그렇지만 중국의 최고지도자인 마오쩌둥이 '순망치한脣亡齒寒'의 고사를 들어 참전 의사를 밝혔다. 중국 최고의 명장 중 하나인 펑더화이 역시 마오쩌둥의 의견에 힘을 실어주어 참전이 결정됐다.

중국의 참전은 자국의 안보를 고려한 전략적 결정이었다. 안보란 국가의 안전 보장을 의미한다. 한 국가의 안보를 위해서는 지정학적 관계를 함께 살펴봐야 한다. 적을 자국의 영토 안으로 들여 방어전을 치르는 것은 승리를 거두더라도 어떻게든 피해가 남는다. 그 때문에 적군을 외지에서 맞아 싸우는 '적극적 방어'라는 개념이 생겨났다. 이에 따라 가능한 한 자국이 아닌 전방의 동맹국이나 자국의 안보를 위해 꼭 필요한 지점에서 전쟁을 하려 하는 것이다. 주로 타지에 자신의 힘을 투사할 수 있는 강대국이 구사할 수 있는 전략이다. 이러한 관점에서 중국은 북한을 전장으로 택하고, 이들과 함께 공동의 적 미국과 싸우고자 한 것이다.

한 가지 재미있는 점은 마오쩌둥이 언급한 '순망치한'이라는 고사다. '입술이 없으면 이가 시리다'는 뜻인데, 이 말의 기원은 중국 춘추시대까지 올라가지만, 한반도와 중국대륙 간의 역사지정학적 관계에도 가끔 적용됐다. 예를 들면 임진왜란 당시 명의 참전이 그러하다. 마오쩌둥은 사회주의 혁명가지만 동시에 중국의 고전을 두루 읽고 섭렵한 정략가였다. 그는 봉건적 왕조 질서를 부정하는 새로운 혁명 사상과 정치 이념, 나아가 사회주의와 국제적 연대에 입각한 혁명가였지만, 한편으로는 자국의 정치문화에 발을 딛고 있는 한 인간이었다. 이러한 점에서 중국이 북한을 '도와주는' 행위는 사회주의 혁명을 위한 동지관계 때문인 동시에 자국 중심의 안보 논리 때문이라고 할 수 있다.

전쟁의 손익계산서
무엇을 잃고 무엇을 얻었는가

전쟁은 수많은 피해를 초래한다. 한국전쟁의 인적, 물적 피해를 정확히 산출하는 것은 불가능하다. 모든 것이 부족한 상황에서 급박하게 전개됐던 전황과 더불어 진영 간의 이념 대립이 결부돼 있기 때문이다. 가장 큰 피해를 본 것은 너무나 당연히도 3년간 전란에 휩싸여 모든 것이 파괴된 남한과 북한이다. 중국군의 경우 사망자는 통계마다 차이가 있지만 10만~14만 명 정도다. 부상자 통계는 편차가 더욱 크다. 중국 측 연구에 따르면 부상자는 25만여 명이지만, 한국 측 통계에 따르면 80만 명에 이른다.

한국전쟁의 장기화는 '신중국'의 경제 건설에 매우 부정적인 영향을 끼쳤다. 전쟁 발발 전 중국 정부는 1951년 예산 내 군사비 지출을 전년 대비 43퍼센트에서 30퍼센트로 삭감하고 경제 건설에 집중할 계획이었다. 그러나 중국이 한국전쟁에 참가함에 따라 군사비 지출은 오히려 46퍼센트로 늘어났으며, 전체 총예산 중 32퍼센트가 한국전쟁에 직접 사용됐다. 중국이 경제 개발을 위해 소련에서 들여온 차관은 대부분 군사 분야에 사용됐다.

그러나 전쟁으로 손해만 보는 것은 아니다. 심대한 인적, 물적 피해에도 '이득'을 보니까 전쟁이 일어난다. 이러한 생각의 연장에서 전쟁은 결국 고도의 '정치적 행위'로 이해된다. 즉 어떠한 정치적 동기와 명분 혹은 그 이상의 정치적 이해득실 속에 전쟁이 일어난다. 한국전쟁 발발과 중국의 참전 역시 마찬가지다. 중국의 한국전쟁 참전은 갑자기 결정된 것이 아니었다. 사실 중국의 참전은 한국전쟁 이전부터 북한 및 소련과 약속된 것이었다.

한국전쟁에 참전한 중국의 동기를 이해하기 위해서는 1949년 북한과 소련 그리고 중국의 비밀 약속에 주목해볼 필요가 있다. 냉전이 한창이던 과거에 한국전쟁은 소련의 지시를 받은 북한과 중국의 음모로 이해됐다. 그런데 1990년대 후반 소련의 해체와 함께 비밀문서의 일부가 공개됐다. 물론 아직까지 해석의 여지는 남아 있지만, 여기서 한국전쟁 개전을 둘러싼 소련과 북한 그리고 중국의 막후 협상이 일부 밝혀졌다. 전모를 대략적으로 정리하면 다음과 같다.

북한은 1949년 하반기부터 남한에 대한 전면 전쟁을 기획했다. 북한은 자신들의 군사적 우세를 믿었다. 특히 북한의 지도부는 남한의 동요하는 민중 정세와 미군이 철수한 뒤 한국 문제에 개입하지 않을 것이라는 낙관론을 가지고 있었다.

소련은 처음에 북한의 남한 공격 계획에 동의하지 않았다. 스탈린 Iosif Vissarionovich Stalin의 성격이 신중한 것도 있었지만, 제2차 세계대전 이후 소련은 전후 복구가 급선무였다. 따라서 소련은 서구 자본주의 국가들과 대립하기에 앞서 이들과 함께 전후의 국제 질서를 유지하려 했다. 특히 역사적으로 러시아의 영향권인 동유럽 지역과 달리 동아시아 지역에 대한 소련의 관심과 영향력은 상대적으로 적었다.

1952년 한국전쟁 당시 미군이 살포한 심리전 전단지
한국전쟁은 소련이라는 러시아 제국주의의 압력에 의해 중국 그리고
북한으로 이어진 침략 전쟁으로 설명된다. 하지만 한국전쟁의 개전을 주도한
북한과 중국의 능동적인 역할이 최근의 연구에서 드러났다.
서울역사박물관 소장

그러나 북한의 김일성과 박헌영 등은 지속적으로 모스크바와 베이징을 오가며 스탈린과 마오쩌둥을 설득했다. 결국 1950년 4~5월경 북한은 중국과 소련을 설득해냈다. 스탈린은 중국이 북한을 군사적으로 직접 지원해주면 소련이 무기와 공군을 지원해주겠다고 약속했다. 이에 중국도 전쟁 참가에 동의하며 25만 명 규모의 군사를 동북 지역에 배치하고 참전 시기를 기다리게 됐다. 정리하자면, 한국전쟁으로 다다르는 길에서 주도적 역할을 한 것은 북한과 중국이었다. 즉 김일성이 전쟁을 설득했고, 스탈린이 지원에 동의하고, 마오쩌둥이 참전을 약속했다. 특히 1949년 하반기 이들이 전쟁을 결정할 수 있었던 데는 그해 10월 중국 내전에서 승기를 잡고 정부를 수립한 중화인민공화국이라는 존재가 컸다.

사실 중국에서 소련의 위치는 미묘했다. 소련은 중국공산당과 중국국민당 어느 한쪽의 편도 들지 않았다. 소련공산당과 중국공산당은 이데올로기적으로 한배를 타고 있었지만, 중국공산당의 혁명은 자생적으로 이루어진 것이었다. 소련과 중국이 추구하는 혁명 노선도 약간의 차이가 있었다. 이것은 한국전쟁 이후 1960년대 중국과 소련이 갈등을 빚는 한 원인이 된다. 또 국가 차원에서 보자면 소련은 이미 1920년대 쑨원孫文 시기부터 중국국민당과 제휴하고 있었으며, 중국대륙에서 중국국민당의 우세를 인정하고 있었다. 심지어 소련은 1944년 8월 중국국민당과 동맹을 맺으며 동북 지방의 철도와 항구의 이권을 취득하는 열강과 다를 바 없는 모습까지 보였다. 하지만 결국 1949년 10월 중국

내전에서 중국공산당이 자력으로 승리하고 '신중국'을 선포하자 소련은 중화인민공화국을 승인할 수밖에 없었다.

중국은 한국전쟁에 참가함으로써 소련의 지원을 이끌어낼 수 있었다. 중국공산당이 수립한 '신중국' 중화인민공화국은 소련의 지원이 필요했다. 중국은 북한의 요청에 응해 한국전쟁에 참가할 것을 약속했다. 이로써 중국은 소련의 정치적 지지를 획득하고 자국의 경제개발 계획을 수립하는 데 도움을 받을 수 있었다. 또한 1952년 2월 중국은 소련과 동맹을 체결하고 함께 군사 장비도 현대화할 수 있었다. 소련에도 중국의 참전은 이득이었다. 당시는 세계적으로 냉전이 시작되는 시점이었는데, 소련은 자국의 이익에 더욱 중요한 동유럽 지역에 집중하고 있었다. 소련은 중국을 통해 아시아 지역의 사회주의 혁명에 대한 정치적 부담과 한국전쟁에 대한 직접적인 개입을 피할 수 있었다. 중국 역시 아시아 지역의 사회주의 혁명에서 자국의 정치적 역량을 증명하고 주도적 역할을 자임할 수 있었다.

중국은 왜 유엔을 상대로 그리고 세계 최강대국 미국을 상대로 싸움을 결심했을까? 전쟁은 결국 '적'이라는 명확한 존재가 있어야만 성립하는 행위다. 중국이 한반도까지 와서 미군을 위시한 유엔군과 적으로 싸운 것은 결국 자신의 존재를 국제사회에 각인하기 위한 정치적 행동이었다고 평가할 수 있다. 제2차 세계대전이 막을 내린 직후인 1945년 10월 유엔이 창설됐다. 세계대전에서 승리한 미국, 소련, 영국, 프랑스 그리고 중국은 전후 세계 질서를 주도할 수 있는 유엔 상임이

사국의 지위를 누리게 됐다. 하지만 1949년 10월 기존의 중화민국을 몰아내고 중화인민공화국이 수립하면서 일이 복잡해졌다. 과연 중화인민공화국을 중국의 대표로 인정할 수 있는지가 문제였다. 물론 미국을 필두로 한 구미 회원국들은 중화인민공화국을 인정하지 않았다.

그렇지만 중화인민공화국은 한국전쟁에 참가함으로써 '적'으로서 미국과 대결할 수 있었다. 결국 전쟁은 고도의 정치 행위다. 한국전쟁을 매듭짓기 위한 2년간의 정전 협상 과정에서 중국은 미국과 협상 테이블 앞에 마주할 수 있게 됐다. 그리고 1953년 7월 중국은 미국과 동등한 자격으로 정전협정을 체결하며 자신의 존재를 국제사회에 드러낼 수 있었다. 이후 중국은 베트남 독립 문제와 한반도 통일 문제를 다룬 제네바 회의(1954)에서 활약할 수 있었다. 또한 반둥회의(1955)를 주도하며 식민지였던 아시아와 아프리카 독립국가들의 역량을 모아 미국이나 소련 어디에도 속하지 않는 '제3세계' 노선을 모색하기도 했다.

하지만 얻는 것이 있으면, 잃는 것도 있는 법이다. 중국이 한국전쟁에 참가함에 따라 유엔과 등을 돌리는 결과를 초래했고, 결과적으로 많은 국가로부터 고립되는 사태를 맞았다. 1951년 1월 30일 유엔정치위원회는 중국을 '침략자'로 규탄하는 결의안을 통과시켰다. 이는 유엔 회원국 대다수가 중국에 실망했음을 의미한다. 비록 미국의 조종을 받는 나라도 적지 않았지만 대다수 국가가 중국에 대해 동정에서 반감으로 돌아선 것은 분명한 사실이었다. 이때부터 유엔에서 중국의 대표권 문제는 장기간(20년간) 방임 상태에 놓이게 됐다.

균열의 조짐

원수가 된 혈맹

비로소 '완성'된 조선족

일국사를 넘어서는 '진정한' 관계사를 위해

고조선 — 한

신라 — 당

고려 — 요·송

고려 — 원

조선 — 명

조선 대한제국·일제강점기 한국전쟁 북한

'피로 맺은 우의', 그 이후

문화대혁명 시기 북중 관계의 변화

문미라

청 청·중국 중국 중국

지난 70년간 조중朝中 두 당, 두 나라 인민은 (중략) 언제나 생사고락을 같이하면서 온갖 풍파를 이겨냈으며 세인의 경탄을 자아내는 위대한 친선의 력사를 수놓아왔다.

- 김정은 북한 국무위원장

70년 전 중조中朝 두 나라가 공식적인 외교 관계를 맺은 것은 두 당, 두 나라 관계 역사에서 획기적이고 중요한 의의를 가진다. 조선은 신중국과 제일 먼저 외교 관계를 맺은 나라들 중 하나다.

- 시진핑 중국 국가주석

2019년 10월 김정은 북한 국무위원장과 시진핑 중국 국가주석이 북중 수교 70주년을 맞아 교환한 축전 중 일부다. 김정은 시대에 들어 북한과 중국은 무역, 관광, 문화, 교육 등 여러 분야에서 협력하며 전략

조선 근로자들은 단결하라!

피로써 맺어진 조 중 량국 인민간의 영구 불멸의 친선 단결 만세!

以鮮血結成的朝中兩国人民之間的牢不可破的友誼团結万岁!

로동신문

조선 로동당 중앙 위원회 기관지

제38호【루계 제3881호】 1958년 2월 15일 (토요일)

오늘호의 주요 내용

△ 주 은래 총리를 수반으로 하는 중화 인민 공화국 정부 대표단 평양에 도착

△ 평양시 군중 대회에서 한 김 일성 수상의 연설

△ 평양시 군중 대회에서 한 주 은래 총리의 연설 (제2

△ 미제 침략군은 조선에서 나가라!

△ 조선 문제의 평화적 해결과 극동에서의 긴장 상태 완화를 위한 방도

조선 방문 중화 인민 공화국 정부 대표단 환영 평양시 군중 대회 주석단

촬영 본사 기자 한 신환

1958년 2월 북한을 친선 방문한 중국정부대표단 관련 기사를 보도한
《로동신문》 1958년 2월 15일 자 1면
제호題號 왼쪽에 '혈맹'을 상징하는 구호가 선명하다.

적 연대 강화에 나선다는 평가를 받고 있다. 앞에 인용한 축전 내용이 잘 보여주듯이 이 과정에서 양국 지도자가 반복해 강조하는 것은 바로 '전통적 우의友誼'다. 현재의 북중 관계는 "선대 수령들께서 마련해주신 고귀한 전통"(김정은의 발언) 위에 서 있다는 것이다.

실제로 북한과 중국은 공동으로 전개한 항일투쟁·국공내전·한국전

쟁을 거치며 '피로 맺은 우의', 즉 혈맹 관계를 형성했다. 두 나라의 수많은 간행물에서는 북중 관계를 '혈맹', '형제', '순망치한' 등의 단어로 묘사했고, 우리에게 알려진 양국 관계도 큰 틀에서 이 범주를 벗어나지 않았다. 그러나 그 어떤 국제관계도 갈등 없는 우호 협력으로만 이루어지지 않는다. 북한과 중국 역시 마찬가지다. 70년이 넘는 북중 관계의 역사에서 양국은 때로는 긴밀하게 유착하고 때로는 날카롭게 대립했다. 그 가운데 두 나라의 사이가 파탄 직전에 이르렀던 때도 있었다. 바로 문화대혁명 시기였다.

균열의 조짐

한국전쟁 정전 이후 문화대혁명 직전까지의 북중 관계는 여러 요인의 영향을 받으며 밀월과 불화를 거듭했다. 북중 간 유착을 강화한 계기는 1950년대 말부터 시작된 중소분쟁이었다. 스탈린이 사망한 후 소련공산당을 이끌게 된 흐루쇼프Nikita Sergeevich Khrushchyov는 자유주의 진영과의 평화공존을 주장하는 한편, 지도자에 대한 개인 숭배를 비판하며 중국을 자극했다. 1959년 발생한 중국-인도 간 국경 무력 충돌에서 소련이 인도를 두둔하자 중국과 소련 간의 갈등은 더욱 심화됐다. 중국은 소련의 태도를 '수정주의'라고 비난했고, 소련은 중국을 '교조주의'라며 몰아세웠다.

중소 간 불화가 계속되면서 소련과 중국은 북한을 자신의 편으로 끌어들이고자 경쟁적으로 접근했다. 이때 북한은 중국을 선택했다. 김일성은 소련의 개인 숭배 비판에 극심한 거부감을 가지고 있었을 뿐 아니라, 소련의 평화공존론 역시 치열한 전쟁을 치른 지 얼마 지나지 않은 북한의 외교 정책과 배치됐기 때문이다. 북한은 1962년부터《로동신문》에 소련을 직간접적으로 비판하고 중국을 옹호하는 기사와 논설을 게재하는 등 입장을 분명히 했다.

그 결과 북소 관계는 악화될 수밖에 없었다. 1962년 가을부터 1964년 10월까지 북한과 소련 사이에는 단 한 차례의 정부대표단 방문도 이루어지지 않았다. 소련의 대북 원조가 줄어든 것은 당연했다. 그럼에도 북한은 소련에 대한 비난 수위를 높여갔다. 1964년 9월 7일 자《로동신문》에는 소련이 북한에 제공한 경제·군사 원조가 북한의 내정에 간섭하기 위한 수단으로 이용됐다고 비난하는 논평이 실리기도 했다. 북한에 대한 소련의 압력에 직접 불만을 표현한 것이다.

반면 북중 관계는 더욱 굳건해져갔다. 중국은 국내 경제가 심각한 위기에 처한 상황에서도 북한에 막대한 양의 식량을 지원하고 각종 설비를 지속적으로 제공했다. 1962년 초 중국은 소련에 아직 상환하지 못한 채무 12억 루블이 남아 있는데도 북한이 중국에 진 모든 채무를 탕감하는 조치를 취하기도 했다. 또한 1962년 '중조변계조약中朝邊界條約'과 1964년 '중조변계조약에 관한 의정서'라는 두 단계를 거쳐 체결된 북중 간 국경 조약은 당시 중국이 주변국들과 맺은 국경 조약 가운데 가장 우호적인 것으로 평가된다.

1963년 6월 6일
베이징 역에 도착한 최용건
중화인민공화국의 국가주석인
류사오치와 악수를 나누고 있다.
《로동신문》 1963년 6월 7일 자 1면

양국 고위급 인사의 상호 방문도 이어졌다. 특히 당시 북한의 2인자였던 최용건은 1963년 6월 5일부터 23일까지 중국에 체류하면서 류사오치劉少奇를 비롯한 중국 지도부를 만나 각종 현안에 대해 의견을 교환했다. 최용건의 중국 방문 마지막 날 류사오치와 최용건은 국제 정세 및 국제공산주의운동과 관련한 견해가 완전히 일치한다는 내용을 담은 공동성명을 발표하며 북한과 중국이 소련에 대항해 연대하고 있음을 공식화했다. 최용건이 생일(6월 21일)을 맞이하자 당시 중국공산당 총리였던 저우언라이가 직접 최용건의 생일상을 북한식으로 준비했다는 일화가 전해지기도 한다.

유례없는 밀월 관계를 유지하던 북한과 중국 사이에 균열의 조짐이 보인 것은 1964년 10월 소련에서 흐루쇼프가 실각하고 새로운 지도부가 등장하면서부터였다. 소련의 신지도부에 대해 중국은 '흐루쇼프 없는 흐루쇼프주의'로 규정하고 비판적인 자세를 견지했지만 북한은 달랐다. 중국은 소련을 여전히 부정적으로 인식한 반면 북한은 소련 신지도부의 긍정적인 면에 주목했다. 소련 신지도부는 북한과 중국 사이에 벌어진 틈새를 놓치지 않고 북한에 우호적 태도를 표시했다. 북한도 소련의 신지도부 집권 이후 공개적 논쟁을 삼가고 각종 매체로 하여금 소련에 대한 비판을 자제케 했다.

북중 간에 발생한 미묘한 긴장은 베트남전쟁에 대한 사회주의 진영의 대응을 둘러싸고 갈등으로 전화轉化했다. 1965년 미국이 베트남전쟁에 본격적으로 개입하자 소련은 중국 및 북베트남 지도자들과 회담을 갖고 사회주의 진영의 공동 대응을 모색하자고 제의했으나, 중국은 이를 거부했다. 북베트남 지원에 깊은 관심을 가지고 있던 북한은 중국의 이러한 태도에 실망감을 감추지 않았다. 베트남전쟁 지원에 소극적인 중국의 태도를 미국과 타협하는 것으로 인식했기 때문이다. 실제로 중국은 미국과 충돌하지 않기 위해 조심스러운 태도를 취했다.

북한은 인도차이나반도의 정세를 한반도 정세와 연계하며, "베트남 인민의 투쟁은 바로 조선 인민 자신의 투쟁"이라고 간주했다. 북한은 미국의 힘을 한반도로 분산하기 위해 대남 무력 도발을 감행하고 언제든 지원병을 파견할 용의가 있음을 표명하는 등 직간접적으로 북베트남을 지원함으로써 중국과 다른 독자적 외교 노선을 구축하기 시작했다. 이와 함께 '기회주의', '민족 이기주의', '교조주의'와 같은 표현으로 중국의 자국 중심적 태도를 비난했다. 이렇게 급격히 냉각되던 북중관계는 중국에 불어온 문화대혁명의 소용돌이 속에 돌이킬 수 없는 상태로 치달았다.

원수가 된 혈맹

1966년 전면화된 문화대혁명은 중국의 사회주의 체제 전반에 막대한 영향을 미친 사건이다. 문화대혁명은 표면적으로는 '낡은' 사상과 문화, 자본주의를 타파하고 새로운 공산주의 문화를 창출하자는 목표를 내세웠지만, 실제로는 1950년대 말 대약진운동 실패로 정치적 위기에 몰린 마오쩌둥이 반대파를 제거하기 위해 벌인 권력 투쟁이었다. 문화대혁명은 대규모 대중운동으로 비화해 중국 전역을 혼란으로 몰아넣었다.

마오쩌둥은 자신의 정치적 권위를 이용해 대중을 직접 선동했고, 기존의 조직과 정권 기구를 '폭격'할 것을 명령했다. 수정주의에 맞서 계급투쟁과 문화혁명에 나서라는 마오쩌둥의 선동에 화답한 것은 홍위병紅衛兵이었다.《마오쩌둥 어록毛主席語錄》을 손에 쥔 홍위병은 '조반유리造反有理(모든 모반에는 이유가 있다)'를 외치며 류사오치와 덩샤오핑鄧小平 등 집권파를 비판·공격했고, 사태는 곧 내전에 가까운 무력 투쟁으로 확산됐다.

문화대혁명 발발 후 중국 지도부는 북한에 소련의 수정주의를 공격하라는 등 좌경 노선의 수용을 강요했으나, 북한은 이를 내정간섭으로 인식했다. 북소 관계 회복을 계기로 자주 노선을 강화하고 있던 북한으로서는 중국의 요구를 도저히 수용할 수 없었다. 마오쩌둥이 문화대혁명을 통해 숙청하고자 했던 제1의 목표가 바로 1963~1964년 북

문화대혁명을 선동하는 대자보를 붙이는 홍위병
왼쪽 팔에 '홍위병'이라고 쓴 완장을 차고 있다.

중 밀월 시기 양국 관계를 강화하는 데 앞장섰던 류사오치였다는 점도 북중 관계에 악재로 작용했다. 문화대혁명 세력이 외치는 '조반유리'가 북한에 번질 수 있다는 북한 지도부의 우려도 존재했다.

더불어 홍위병은 김일성을 '비곗덩어리 수정주의자', '흐루쇼프의 앞잡이'라며 비난했다. 중소분쟁 국면에서 자신들과 함께 소련의 수정주의를 반대하던 북한을 소련과 동일한 수정주의로 규정하며 공격한 것이다. 당시 중국에서 수정주의자란 곧 적을 의미했다. 불과 2년 전만 해도 둘도 없는 혈맹이었던 북한이 타도해야 할 적이 된 것이다. 그들은 베트남전쟁 문제에 대해서도 오히려 북한을 '기회주의', '절충주의' 등으로 규정하고 북한이 '무원칙한 타협의 길'을 선택했다고 비판했다.

홍위병의 악의적 공격은 여기서 그치지 않았다. 그들은 당시 북한의 부수상이던 김광협이 '수정주의자' 김일성을 제거하려고 군대를 동원했다거나 다른 장성들이 김일성을 체포했다는 내용의 대자보를 각지에 부착했다. 북한에 쿠데타가 발생했다는 이런 내용은 명백한 허위사실이었다. 김일성에 대한 비난의 수위도 날로 높아졌다. 예컨대 〈금일조수집단今日朝修集團(오늘날 북한 수정주의 집단)〉이라는 글은 김일성이 호화로운 생활을 영위하며 날로 비대해져간다며, 그는 황제로 보일 뿐 도무지 사회주의 혁명을 하는 투사 같지 않다는 인신공격을 쏟아냈다.

북한도 가만있지 않았다. 우선 김일성은 이임하는 주북한 쿠바 대사의 환송연에 김광협을 대동하고 나타나서 홍위병의 쿠데타 발발 선동을 일축했다. 이 자리는 북한 내에 있던 각국 외교관들이 모인 연회였다. 그들 앞에서 김일성은 노골적으로 마오쩌둥을 비난하며 중국의 반북적 선전 선동에 매우 불쾌한 감정을 드러냈다. 소련 지도부와의 비밀회담에서도 김일성은 문화대혁명에 대해 "그야말로 어리석은 행동으로 이해할 수 없을 정도"라고 말했다.

또한 북한은 정책적으로 화교를 배척하기 시작했다. 많은 수의 화교학교가 없어지거나 북한 학교에 통합됐고, 남아 있던 화교 학교의 교장은 모두 북한 사람으로 교체됐다. 화교에 대한 배급을 축소해 북한 내 화교는 암시장에 의존하는 열악한 삶을 살아야 했다. 비밀리에 국경을 넘어 중국으로 귀국하는 화교도 적지 않았다. 1966년에서 1968년까지 지린성吉林省의 일곱 개 출입국사무소에서 받아들인 화교 수만 6285명에 달했고, 랴오닝성遼寧省은 1900명의 입국을 허가했다.

《로동신문》은 문화대혁명을 직접 언급하지는 않았지만 다양한 표현으로 중국을 겨냥했다. 가장 유명한 기사는 1966년 8월 12일 자에 실린 익명의 논설 〈자주성을 옹호하자〉다. 이 글은 먼저 베트남전쟁에 적극 개입해 미국에 반대 투쟁을 하겠다는 김일성이 수정주의자인가, 아니면 베트남전쟁에 개입하지 않으려는 중국 지도부가 수정주의자인가를 따져 물었다. 이어 최근 국제공산주의운동에서 "자기의 그릇된 로선과 견해를 다른 형제 당들에 강요하며 (중략) 내정에 간섭하는 등 참을 수 없는 현상들이 근절되지 않고 있다"라고 지적했다. 명백히 중국을 향한 경고였다.

같은 해 9월 15일 자 《로동신문》에 실린 〈트로츠키주의 비판〉이라는 글은 문화대혁명의 폭력성을 비판했고, 이듬해인 1967년 1월 27일 자 《로동신문》에서는 홍위병이라는 단어를 직접 거론하며 "적의 어떠한 침략도 격퇴할 만반의 준비가 돼 있다"라고 목소리를 높였다. 이 두 기사에서도 문화대혁명이라는 단어는 여전히 등장하지 않지만, 마침내 문화대혁명을 주도하는 세력을 '적'으로 공식화한 것이다.

북한 주민들 사이에서도 반중 정서가 빠르게 확산됐다. 북한 주민들은 마오쩌둥을 '이미 노망든 늙은이'로 칭하며 노망 치료에 유일한 약은 고려인삼이라고 비아냥거렸다. 북중 국경에서는 양국이 선전차를

자 주 성 을 옹 호 하 자

[illegible]

1. 자기 머리로 사고해야 한다

[illegible]

2. 자기 힘을 믿어야 한다

[illegible]

3. 맑스-레닌주의는 행동의 지침이다

[illegible]

4. 남의 경험을 기계적으로 모방하지 말아야 한다

[illegible]

2 면 으 로 계 속

중국을 비판하며 주체와 자주를 강조한 논설 〈자주성을 옹호하자〉
《로동신문》 1966년 8월 12일 자 1면

이용해 아침부터 밤까지 서로를 비방하는 '확성기 대전'이 일어났다. 이 시기 국경 마을 주민은 상호 비방 방송에 밤잠을 이루지 못할 지경이었다고 한다. 두만강과 접한 국경 지대 회령의 중국인민지원군열사릉에서는 한국전쟁 때 전사한 중국인민지원군들의 묘가 훼손되고 주위의 나무가 잘려 나간 모습이 목격되기도 했다.

그 밖에도 두만강 한가운데에 방파제를 만들어 중국 쪽으로 물이 흐르게 함으로써 중국의 논밭과 농가가 침수되는 사건이 발생했고, 북한 내 서점에서 쉽게 구할 수 있던 마오쩌둥 관련 도서가 자취를 감추는 등 중국에 대한 거부감을 확인할 수 있는 일이 빈발했다. 북한 당국은 문화대혁명이 북한 내에 알려지는 것을 차단하고자 했으나, 국경을 맞댄 상황에서 퍼지는 소문을 막을 수는 없었다.

당연한 일이겠지만 북한과 중국의 공식 외교 관계도 중단됐다. 1966년 10월부터 중국공산당 기관지 《인민일보人民日報》와 조선로동당 기관지 《로동신문》 간의 기사 교환이 중단됐고, 1967년에는 주북한 중국 대사가 추방된 데 이어 중국에 주재하던 북한 대사도 소환됐다. 중국 또한 1969년 5월까지 북한 주재 중국대사관 소속 외교관의 3분의 2를 귀국 조치했다. 중국은 1968년 북한 정부 수립 20주년 기념행사에도 대표를 보내지 않았으며, 북한은 이를 모욕으로 여겼다. 북한 주재 루마니아 외교관의 보고서에 따르면 이 시기 북한과 중국의 인적 교류와 국경 무역은 기본적으로 모두 중지된 상황이었다.

한마디로 문화대혁명 초기 북중 관계는 전대미문의 대치와 긴장 상태였다. 이 시기 북한과 중국의 사이는 말 그대로 혈맹에서 원수로, 정점에서 나락으로 추락했다. 악화일로를 걷던 북중 관계는 1969년 가을을 기점으로 회복됐지만, 문화대혁명과 이것이 촉발한 적대적 북중 관계가 남긴 상흔은 넓고 깊었다. 그것은 북한과 혈연적, 역사적, 정서적, 지리적으로 견고한 관계를 이어왔던 연변 조선족 사회에서 더욱 그러했다.

비로소 '완성'된 조선족

중국의 문화대혁명은 전국적으로 전개됐으나 구체적인 모습은 지역마다 다르게 나타났다. 소수민족 거주 지역의 문화대혁명에서 가장 두드러지는 점은 해당 지역의 문화대혁명이 '민족' 문제를 중심으로 전개됐다는 것이다. 그중에서도 연변에서의 문화대혁명은 민족 문제가 핵심 이슈로 부상할 수밖에 없었다. 그곳에 집거하던 조선족이 '모국母國'과 국경을 맞댄 소수민족이라는 특수성을 지니고 있었기 때문이다. 문화대혁명의 이 같은 성격에 더해, 극악의 상황을 맞이했던 북중 관계도 연변의 문화대혁명 전개 양상에 반영됐다.

연변의 문화대혁명은 1966년 6월 2일 《연변일보延邊日報》에 〈문화대혁명에 대한 《인민일보》의 사설〉이 전재轉載되면서 본격화됐다. 곧 연변대학과 각급 학교에서 홍위병이 조직됐지만, 처음 2~3개월간 연변에서는 연변조선족자치주 주장州長 주덕해朱德海의 주도로 비교적 조용하고 차분하게 문화대혁명이 진행됐다. 그러나 8월 하순 연변 외부에서 유입된 홍위병들이 "사령부를 포격하자", "주덕해를 불사르자"라는 대자보를 붙인 데 이어, 이듬해 1월 마오위안신毛遠新이 연변에 오면서 연변의 문화대혁명은 급진적이고 과격한 민족 갈등으로 변질됐다.

마오위안신은 마오쩌둥의 조카로, 연변을 비롯한 중국 동북 지역의 문화대혁명을 주도하며 '태상황'이라고 불린 인물이었다. 마오위안신은 연변에 들어온 후 문화대혁명을 선동하는 일곱 편의 글을 발표했는데, 그 주요 내용은 올바른 문화대혁명을 위해 주덕해를 타도하고 연변에 진정한 조반파造反派를 새로 조직해야 한다는 것이었다. 마오위안신이 제시한 '진정한 조반파'의 식별 기준은 '주덕해를 어떻게 대하는가'였다. 이로써 주덕해에 대한 평가가 연변 문화대혁명의 핵심 쟁점으로 떠올랐다.

주덕해는 1929년 연변에서 항일투쟁에 투신했고 1943년부터는 조선독립동맹·조선의용군에 가담해 중국공산당과 함께 항일투쟁을 지속한 인물이었다. 해방이 되자 주덕해를 포함한 조선독립동맹, 조선의용군 중 일부는 중국 동북 지역으로 들어와 국공내전에 참가했다. 국공내전에서 중국공산당이 승리한 후 이들 중 상당수는 북한으로 돌아갔지만 소수는 중국에 남아 정치 활동을 계속했는데, 그 대표적 인물이 주덕해였다. 주덕해는 1952년 9월 연변조선족자치주가 성립되자

마오위안신이 소년 시절 큰아버지 마오쩌둥과 함께 찍은 사진
마오쩌둥은 아끼던 동생이 사망하자 그의 아들인 마오위안신을 친자식처럼 보살폈다.

중국 연변조선족자치주 룽징시龍井市에 위치한 주덕해의 옛 집터와 동상
ⓒ 문미라

초대 주장으로 선출돼 문화대혁명 발발 때까지 연변 조선족을 대표하는 정치가로 활동했다.

마오위안신을 비롯한 연변의 문화대혁명 세력은 이러한 경력을 지닌 주덕해를 공격하며 그의 '죄상'을 밝히는 작업에 집중했다. 주덕해가 받은 주요 '혐의'는 북한에 충성을 다짐한 '북한 특무(간첩)'라는 것이 있다. 반反주덕해 세력은 주덕해가 연변에서 북한을 위해 일하면서 특히 연변을 북한에 귀속시키려 했다고 주장했다. "연변을 통째로 조선(북한-필자)에 넘기기 위해 민족 문화, 민족 교육, 민족 간부 등등을 애써 실현하고 연변을 '민족화의 독립 왕국'으로 만든 다음 조선에 병탄시키려" 했다는 것이다. 이렇게 하여 주덕해가 연변조선족자치주의 조선족 간부로서 '민족 자치'를 위해 실시했던 정책과 사업은 모두 중국 영토의 일부인 연변을 북한에 '팔아넘기려' 한 행위로 치부됐다.

물론 이와 같은 주덕해의 죄상은 그를 끌어내리기 위해 근거 없이 날조된 것이었다. 하지만 주덕해는 실각했고 1967년 4월 베이징으로 이송됐다가 다시 후베이성湖北省의 농장으로 보내졌다. 그는 끝내 연변으로 돌아오지 못하고 1972년 그곳에서 사망했다. 주덕해의 '죄상'이 조작됐음은 문화대혁명 종료 이듬해인 1978년 그가 복권됐다는 점에서도 알 수 있다. 결국 주덕해의 북한 특무 혐의는 문화대혁명 기간 동안 연변에서 조선족의 민족 정체성을 탄압하고 북한과의 연계를 단절하기 위해 이용된 것이었다고 볼 수 있다.

나아가 연변의 문화대혁명 세력은 '계급대오정리운동'을 실시해 조선족 간부를 대규모로 숙청했다. 이 과정에서 수많은 사람이 특무, 변절자, 반혁명분자로 몰렸다. 북한에 친지나 지인이 있어 북한을 왕래한 경험이 있거나 1950년대 말 중국 대기근 당시 북한으로 넘어가 기아를 모면했던 사람, 과거에 해외여행을 했거나 유학 경험을 가진 일반인도 모두 특무 혹은 조국을 등진 반역자라는 혐의를 쓰고 혹독한 고초를 겪어야 했다. 1967년 8월에서 1970년 10월까지 '적발'된 '북한 특무'는 1만 명에 이르렀고, 문화대혁명 전체 기간 중 연변 지역에서 투옥·격리·심문을 받은 사람은 수만 명에 달했다.

계급대오정리운동은 엄청난 폭력과 고문을 수반했다. 한 기록에 따르면 문화대혁명 기간 동안 연변에서 발생한 사망자만 4000명이었고 부상자는 5000명에 달했다. 맞아 죽은 사람, 모욕을 당해 자살한 사람, 잔인한 고문으로 장애인이 된 사람이 속출했다. 그야말로 광기의 시대였다. 이런 분위기 속에서 연변에 거주하던 조선족은 북한과 관련된 것이면 무엇이든 두려워하고 숨기려 할 수밖에 없었다.

연변에서 문화대혁명이 진행되는 동안 문화적으로도 민족 정체성을 파괴하려는 시도가 계속됐다. '조선어 무용론'이 대표적이었다. 중화인민공화국 수립 이후 중국은 민족구역자치제도를 실시하면서 소수민족 자치 구역 내에서는 '민족의 문자와 언어를 사용할 권리'를 법적으로 보장했다. 연변조선족자치주에서도 조선어와 중국어를 공용어로 지정하고 행정 분야에서는 조선어를 우선 사용하는 관례를 확립했다. 하지만 문화대혁명 시기에 이 원칙은 철저히 부정됐다. 대부분의 행사에서 중국어가 우선적으로 쓰였고 행정기구의 회의와 문건도 모두 중국어로 진행·작성됐으며, 원래 중국어 사용 시 '민족어문'으로 통역 또는 번역해야 한다는 규정도 집행되지 않았다.

민족의 언어와 문자는 민족 문화를 전승하고 민족 교육을 행하는 데 필수적이다. 그러나 조선어 무용론 앞에 민족 교육의 중심인 조선어 교육은 날로 설 자리를 잃어갔고, 많은 조선족 학생이 현지의 한족 학교로 진학했다. 중국에서 최초로 세운 민족 대학이라는 자긍심으로 가득했던 연변대학은 '지방 민족주의의 검은 거점'이라는 불명예를 안게 됐고, 씨름·그네·널뛰기·윷놀이 등 전통 민속놀이도 낡은 풍속이라며 금지됐다. 그뿐 아니라 인천냉면옥, 평양여관, 함흥음식점처럼 지방 이름을 단 간판은 민족주의 사상을 선전한다는 이유로 모두 철거됐다. 이 같은 경향에 따라 민족 문화와 민족 언어를 모르고 자라나는 조선족 청년이 점차 늘어났고, 그 결과 조선족 사회의 한족화 현상은 더욱 가속화됐다.

이처럼 연변의 문화대혁명은 북한의 영향력을 차단하고 한족 중심주의를 침투·강화하는 과정이었다. 유례를 찾아볼 수 없이 악화된 문화대혁명 시기 북중 관계는 중국으로 하여금 북한의 '눈치'를 보지 않게 해주었고, 북한과의 인위적 단절은 북한과 중국 사이 어디쯤에 존재하던 연변 조선족의 모호한 '조국관'을 청산하는 데 결정적 역할을 했다. 문화대혁명을 통해 중국인으로서의 정체성을 가진 조선족이 비로소 '완성'된 것이다.

일국사를 넘어서는 '진정한' 관계사를 위해

문화대혁명을 전후한 시기의 북중 관계는 두 나라 사이가 다종다양한 국제 정세와 당사국이 처한 국내외적 상황에 영향을 받으며 지속적으로 변화해왔음을 잘 보여준다. 이는 당사국만을 시야에 넣고는 양국 관계의 변화 양상과 그 원인을 제대로 포착하기 어려움을 뜻한다. 바꾸어 말하면 '관계사'를 구조적이고 체계적으로 이해하기 위해서는 '일국사'를 넘어서는 시야가 필요하다는 의미도 될 것이다. 관계사를 풍부하게 설명하기 위해서는 관계의 변화를 촉발한 국내 요인과 양국 관계에 영향을 받아 변화한 국내 상황 역시 간과해선 안 된다.

한편 오랜 기간 애매한 상태로 이어져온 연변 조선족의 정체성은 문화대혁명을 결정적 계기로 하여 긴 시간에 걸친 변화의 여정을 대체로 마무리했다. 앞에서 살펴본 대로 이들이 철두철미한 중국인으로 탈바꿈하는 과정은 북중 관계를 빼놓고 이해하기 어렵지만, 북중 관계의 틀 속에서 연변 조선족의 역사를 분석하려는 시도는 그다지 많지 않았다. 이 역시 '일국사적 관계사'가 놓치는 지점 중 하나라고 할 수 있을 것이다. 연변 조선족의 정체성 변화 과정은 관점과 시야의 확대가 더욱 풍성한 역사 이해를 위한 첫걸음임을 확인하게 해준다.

참고문헌

나뭇조각에 아로새긴 '공자님 말씀'

김경호·이영호 외 엮음, 《지하의 논어, 지상의 논어》, 성균관대학교출판부, 2012
패트리샤 버클리 에브리 지음, 이동진·윤미경 옮김, 《케임브리지 중국사》, 시공사, 2001

김재홍, 〈고대 목간, 동아시아의 문자 정보 시스템〉, 《내일을 여는 역사》 67, 2017
미카미 요시타카, 〈일본 고대 목간의 계보〉, 《목간과 문자》 창간호, 2008
윤재석, 〈한국·중국·일본 출토 《논어》 목간의 비교연구〉, 《동양사학연구》 114, 2011
이성시·윤용구·김경호, 〈평양 정백동 364호분 출토 죽간 《논어》에 대하여〉, 《목간과 문자》 4, 2009

도당 유학생, 한중 우호의 상징

《계원필경집》, 《고려사》, 《구당서》, 《당회요》 《동문선》, 《동사강목》, 《삼국사기》, 《신당서》, 《최문창후전집》

권덕영,《고대한중외교사: 견당사연구》, 일조각, 1997
당은평 지음, 마중가 옮김,《최치원 신연구》, 한림대학교 아세아문화연구소, 2004

권덕영,〈신라 하대 서학과 그 역사적 의미〉,《신라문화》26, 2005
김동준,〈귀국기 최치원 한시의 자부와 장심에 대하여《계원필경》권20에 수록된 한시 30수에 대한 독해〉,《진단학보》112, 2011
남동신,〈《계원필경집》의 문화사적 이해〉,《진단학보》112, 2011
변인석,〈당 숙위제도에서 본 나·당관계: 당대〈외인숙위〉의 일연구〉,《사총》11, 1966
신형식,〈신라의 대당교섭상에 나타난 숙위에 대한 일고찰〉,《역사교육》9, 1966
______,〈숙위학생고: 나말려초의 지식인의 동향에 대한 일척〉,《역사교육》11·12합집, 1969
이기동,〈나말려초 근시기구와 문한기구의 확장: 중세적 측근정치의 지향〉,《신라골품제사회와 화랑도》, 일조각, 1984
______,〈신라 하대 빈공급제자의 출현과 나당 문인의 교환〉,《신라 골품제사회와 화랑도》, 일조각, 1984
하일식,〈당 중심의 세계질서와 신라인의 자기인식〉,《역사와 현실》37, 2000
______,〈말기의 당 관제 수용에 대한 시론〉,《신라 집권 관료제 연구》, 혜안, 2006

골목대장 고려의 줄다리기

변태섭,《한국사통론(四訂版)》, 삼영사, 1996
이기백,《한글판 한국사신론》, 일조각, 1999
한영우,《다시 찾는 우리 역사 전면개정판》, 경세원, 2004

김보광, 〈고려전기 탐라에 대한 지배방식과 인식의 변화〉, 《역사와 담론》 85, 2018
노명호, 〈고려시대의 다원적 천하관과 해동천하〉, 《한국사연구》 105, 1999
______, 〈고려전기 천하관과 황제국체제〉, 《고려 역사상의 탐색》, 집문당, 2018
______, 〈동명왕편과 이규보의 다원적 천하관〉, 《진단학보》 83, 1997
박경안, 〈고려전기 다원적 국제관계와 국가·문화 귀속감〉, 《동방학지》 129, 2005
박재우, 〈고려 군주의 국제적 위상〉, 《한국사학보》 20, 2005
박종기, 〈11세기 고려의 대외관계와 정국운영론의 추이〉, 《역사와현실》 30, 1998
박한남 외, 〈10~12세기 동아시아 정세와 고려의 북진정책〉, 《신편한국사》 15, 국사편찬위원회, 2002
박현서, 〈북방민족과의 항쟁〉, 《한국사》 4, 국사편찬위원회, 1974
방동인, 〈고려전기 북진정책의 추이〉, 《한국의 국경획정연구》, 일조각, 1997
서금석, 〈고려 인종 대 '연호' 제정을 둘러싼 갈등〉, 《한국사학보》 68, 2017
서성호, 〈고려 태조 대 대거란 정책의 추이와 성격〉, 《역사와현실》 34, 1999
신안식, 〈고려전기의 북방 영토의식과 이민족 인식〉, 《한국중세사연구》 50, 2017
심재석, 〈고려와 금의 책봉관계〉, 《고려국왕 책봉연구》, 혜안, 2002
안병우, 〈고려와 송의 상호인식과 교섭: 11세기 후반~12세기 전반〉, 《역사와현실》 43, 2002
윤영인, 〈10~13세기 동북아시아 다원적 국제질서에서의 책봉과 맹약〉, 《동양사학연구》 101, 2007
이미지, 《고려시기 대거란 외교의 전개와 특징》, 고려대학교 한국사학과 박사학위논문, 2012
이성시, 〈중국 문화권 내 주변 제국의 세계관〉, 《한국학연구》 36, 2015
이용범, 〈10~12세기의 국제정세〉, 《한국사》 4, 국사편찬위원회, 1974
이익주, 〈10~14세기 세계 속의 고려〉, 《고려 역사상의 탐색》, 집문당, 2018
이정신, 〈강동6주와 윤관의 9성을 통해 본 고려의 대외정책〉, 《고려시대의 정치변동과 대외정책》, 경인문화사, 2004

이진한, 〈고려전기의 국제관계와 교류〉, 《21세기에 다시 보는 고려시대의 역사》, 혜안, 2018
최종석, 〈13~15세기 천하질서하에서 고려와 조선의 국가 정체성〉, 《역사비평》 10-44, 2017
______, 〈베트남 외왕내제 체제와의 비교를 통해 본 고려전기 이중 체제의 양상〉, 《진단학보》 125, 2015
______, 〈현종 대 고려-거란 관계와 외교 의례〉, 《동국사학》 60, 2016
추명엽, 〈11세기 후반~12세기 초 여진정벌문제와 정국동향〉, 《한국사론》 45, 2001
______, 〈고려전기 '번' 인식과 '동·서번'의 형성〉, 《역사와현실》 43, 2002
______, 〈동아시아 세계의 다원적 국제 환경〉, 《고려시대사》 1, 푸른역사, 2017
한명기, 〈병자호란 직후 조선 지식인의 청나라 이해〉, 《국제한국학연구》 1, 2003
한정수, 〈10~12세기 초 국제 질서와 고려의 연호 기년〉, 《한국중세사연구》 49, 2017

제국의 파도 앞에 선 고려의 국왕

고명수, 〈몽골의 '복속' 인식과 여몽관계〉, 《한국학보》 55, 2014
안기혁(안선규), 〈여말선초 대중국관계와 국왕시호〉, 《역사와현실》 107, 2017
이명미, 《고려-몽골 관계와 고려국왕의 위상 변화》, 서울대학교 국사학과 박사학위논문, 2012
이익주, 〈14세기 후반 고려-원 관계의 연구〉, 《동북아역사논총》 53, 2016
정동훈, 《고려시대 외교문서 연구》, 서울대학교 국사학과 박사학위논문, 2016

汪受寬, 《謚法硏究》, 上海古籍出版社, 1995
李治安, 《元代分封制度硏究》, 中華書局, 2007

특명! 명 사신을 접대하라

구도영, 《16세기 한중무역 연구: 혼동의 동아시아, 예의의 나라 조선의 대명무역》, 태학사, 2018

김순자, 《한국 중세 한중관계사》, 혜안, 2007

남의현, 《명대요동지배정책연구》, 강원대학교출판부, 2008

동북아역사재단 한국외교사편찬위원회, 《한국의 대외관계와 외교사: 조선편》, 동북아역사재단, 2018

박원호, 《명초조선관계사연구》, 일조각, 2002

유재춘 외, 《근세 동아시아와 요동》, 강원대학교출판부, 2011

이개석, 《고려-대원 관계 연구》, 지식산업사, 2013

이명미, 《13~14세기 고려·몽골 관계 연구》, 혜안, 2016

장동익, 《고려후기외교사연구》, 일조각, 1994

이상배, 〈조선전기 외국사신 접대와 명사의 유관 연구〉, 《국사관논총》 104, 2004

이상균, 〈조선전기 외국 사신들의 금강산 유람과 그에 따른 폐해 고찰〉, 《사학연구》 101, 2011

정구선, 〈선초 조선 출신 명 사신의 행적〉, 《경주사학》 23, 2004

한홍섭, 〈15세기 조선왕실의 여락과 중국사신의 관계: 《조선왕조실록》을 중심으로〉, 《대동문화연구》 81, 2013

오랑캐가 금수보단 낫잖아

구범진, 《병자호란, 홍타이지의 전쟁》, 까치, 2019

노대환, 《동도서기론 형성 과정 연구》, 일지사, 2005

배우성, 《조선과 중화: 조선이 꿈꾸고 상상한 세계와 문명》, 돌베개, 2014
오상학, 《조선시대 세계지도와 세계인식》, 창비, 2011
이원순, 《조선서학사연구》, 일지사, 1986
임종태, 《17, 18세기 중국과 조선의 서구 지리학 이해: 지구와 다섯 대륙의 우화》, 창비, 2012
차기진, 《조선 후기의 서학과 척사론 연구》, 한국교회사연구소, 2002

구만옥, 〈16~17세기 조선 지식인의 서양 이해와 세계관의 변화〉, 《동방학지》 122, 2003
배우성, 〈조선후기 중화 인식의 지리적 맥락〉, 《한국사연구》 158, 2012
유봉학, 〈북학사상의 형성과 그 성격: 담헌 홍대용과 연암 박지원을 중심으로〉, 《한국사론》 8, 1982
이명제, 〈조선후기 세계 이해의 세 가지 방식: 연행록 외국조를 중심으로〉, 《조선시대사학보》 78, 2016
______, 〈이정수의 1811년 연행과 대외 인식의 노정: 《유연록》에 대한 분석을 중심으로〉, 《사학연구》 123, 2016
임종태, 〈서구 지리학에 대한 동아시아 세계지리 전통의 반응: 17-18세기 중국과 조선의 경우〉, 《한국과학사학회지》 26-2, 2004
______, 〈무한우주의 우화: 홍대용의 과학과 문명론〉, 《역사비평》 71, 2005
조성산, 〈18세기 후반~19세기 전반 대청인식의 변화와 새로운 중화 관념의 형성〉, 《한국사연구》 145, 2009

혐오의 시대, 연대의 기억

《독립신문》, 《제국신문》, 《황성신문》

석원화 외 편저, 김승일 외 옮김,《신보: 대한민국 임시정부 관계기사 선집》, 범우사, 2001
양계초 지음, 강중기 외 옮김,《음빙실자유서》, 푸른역사, 2017
______지음, 최형욱 옮김,《량치차오, 조선의 망국을 기록하다》, 지식을만드는지식, 2014
______지음, ______옮김,《음빙실문집》, 지식을만드는지식, 2015

노관범,〈대한제국기《황성신문》의 중국인식〉,《한국사상사학》45, 2013
박강,〈개항기 조선의 아편확산과 청국 상인〉,《한국민족운동사연구》80, 2014
백영서,〈대한제국기 한국언론의 중국 인식〉,《역사학보》153, 1997
장세윤,〈20세기 초반 주요 중국 언론의 한국 독립운동 인식〉,《한국민족운동사연구》75, 2013
전동현,〈청말 양계초의 대한제국기 한국 인식〉,《중국사연구》34, 2005
최승현,〈역사적 분석을 통한 한국과 중국의 상호인식 연구〉,《중국인문과학》33, 2006
한상도,〈일제침략기 중국사회의 '한국'인식〉,《진단학보》113, 2011

미국에 맞서 북한을 돕고, 가정과 나라를 지키자

국방부군사편찬연구소,《6·25 전쟁사 7: 중공군 참전과 유엔군의 철수》, 국방부군사편찬연구소, 2010
박두복 외,《한국전쟁과 중국》, 백산서당, 2001
박명림,《한국전쟁의 발발과 기원》1, 나남, 1996
션즈화 지음, 김동길 옮김,《조선전쟁의 재탐구》, 선인, 2014
역사문제연구소·포츠담현대사연구센터 엮음,《한국전쟁에 대한 11가지 시선》, 역사비평사, 2010

와다 하루키 지음, 서동만 옮김, 《한국전쟁》, 창작과비평사, 1999
한국역사연구회 현대사분과 엮음, 《역사학의 시선으로 읽는 한국전쟁》, 휴머니스트, 2010

'피로 맺은 우의', 그 이후

《로동신문》, 《연변일보》

강창록·김영순·이근전·일천, 《주덕해》, 실천문학사, 1992
곡애국·증범상, 《조남기전》, 연변인민출판사, 2004
션즈화 지음, 김동길·김민철·김규범 옮김, 《최후의 천조》, 선인, 2017
이종석, 《북한-중국관계 1945~2000》, 중심, 2000
진춘밍·시쉬옌 지음, 이정남·하도형·주장환 옮김, 《문화대혁명사》, 나무와숲, 2000

박종철, 〈1960년대 중반의 북한과 중국: 긴장된 동맹〉, 《한국사회》 10-2, 2009
______, 〈문화대혁명 초기 북중관계와 연변 조선족〉, 《민족연구》 63, 2015
______, 〈중국의 민족정풍운동과 조선족의 북한으로의 이주〉, 《한중사회과학연구》 36, 2015
성근제, 〈문화대혁명과 연변〉, 《중국현대문학》 43, 2007
염인호, 〈조선족 변사 해원의 활동 분석을 통해서 본 1960년대 상반기 연변조선족 사회와 한반도와의 관계〉, 《한국근현대사연구》 67, 2013
______, 〈조선족 해원 일기를 통해서 본 북한의 항일빨치산 투쟁사 활용과 문혁기의 '석동수 특무 조직사건'〉, 《한국학논총》 47, 2017
______, 〈중국 연변 문화대혁명과 주덕해의 실각 - 북한 특무 혐의를 중심으로〉, 《한국독립운동사연구》 25, 2005

윤휘탁, 〈중국과 북한의 국경 관리실태-1950~1960년대를 중심으로〉, 《중국사연구》 110, 2017
이상숙, 〈1960년대 중반 북한-중국의 갈등과 북한의 자주노선〉, 《북한학연구》 3-2, 2007
인교준, 〈북한 유일사상체계 형성의 문화대혁명 요인〉, 북한대학원대학교 정치통일전공 박사학위논문, 2016
정신철, 〈문화대혁명과 조선족〉, 《중국 한인의 역사》 상, 국사편찬위원회, 2011
정판룡, 〈연변의 《문화대혁명》〉, 《풍랑》(중국조선민족발자취총서 7), 민족출판사, 1993
정호윤, 〈문화대혁명 속 타자他者-연변을 중심으로〉, 《인문연구》 79, 2017

지은이 소개

집필 순

오택현 동국대학교 사학과 및 국사학과 강사. 동국대학교 사학과에서《백제百濟 대성팔족大姓八族의 역사적歷史的 전개展開》로 박사학위를 받았다. 목간과 금석문을 통해 동아시아적 관점에서 한국사를 연구하고 있다. 지은 책으로《한국고대 문자자료연구 백제(상)·(하)》(공저)와《목간으로 백제를 읽다》(공저)가 있으며, 주요 논문으로 〈고대古代 국가國家의 성씨姓氏 수용受容과 변천變遷〉, 〈백제 왕성王姓 부여扶餘씨의 성립과 복성複姓의 수용〉, 〈낙양 용문석굴 소재 백제 관련 명문자료〉 등이 있다.

이유진 연세대학교 사학과 박사과정. 한국 고대사, 그중에서도 신라와 당 사이의 공적·사적인 인적 교류를 중심으로 공부하고 있다.

현수진 성균관대학교 사학과 박사과정 수료. 현재와는 아주 다른 중세인들의 사고방식이 어떤 역사적 환경 속에서 형성됐고, 또 어떻게 현실과 상호 작용했는지에 관심이 있다. 주요 논문으로 〈고려시대 관인상의 형성과 변화〉 등이 있다.

안선규 한신대학교 한국사학과 박사과정. 많은 사람들과 역사를 이야기하고 생각을 나누는 것을 좋아해, 박물관 큐레이터를 꿈꿨다. 고려와 조선의 문화적 연속성과 특징에 관심을 갖고 공부하고 있다.

신동훈 가톨릭대학교 국사학과 강사. 조선 전기 사회사를 연구하고 있다. 주요 논문으로 〈16세기 서원書院 사액賜額과 국가의 서원 정책〉, 〈조선 전기 동몽童蒙 교육의 추이와 촌항학장村巷學長 설치의 의미〉 등이 있다.

이명제 서울대학교병원 의학역사문화원 연구교수. 동국대학교 사학과 박사과정 수료. 조선 후기 조선과 청 사이의 외교 관계를 중심으로 공부하고 있다.

정종원 한양대학교 사학과 박사과정 수료. 개항기의 사상사 및 개념사에 관심을 가지고 연구를 진행하고 있다. 주요 논문으로 〈러일전쟁 이전《제국신문》에 나타난 국제정세인식의 기반과 전개〉, 〈반계 유형원의 평등사상과 도덕국가체제론〉, 〈개항기 한글신문의 평등개념 연구〉 등이 있다.

김지훈 연세대학교 사학과 박사과정. 한국 현대사를 전공하고 있다. 한국의 근현대사에서 국가와 사회와 개인 그리고 군대의 문제를 '사상'이라는 측면에서 풀어내기 위해 고민 중이다.

문미라 역사문제연구소 연구원. 서울시립대학교 국사학과 박사과정 수료. 해방 이후 연변 조선인 사회를 중심으로 한 북·중 관계에 관심을 가지고 연구하고 있다. 주요 논문으로 〈한국전쟁기 북한의 전시 보건의료체계 구축과 연변 조선인 사회의 지원〉, 〈북한 조국보위후원회의 설립과 활동〉, 〈한국전쟁 시기 중국인민지원군·연변 조선인 사회의 '후방지원' 활동과 북중 '혈맹' 관계의 강화〉 등이 있다.

만인만색연구자네트워크

젊은 역사학의 새로운 출발

만인만색연구자네트워크는 '역사교과서 국정화'에 반대하면서 2016년에 출범한 대학원생·신진 연구자들의 모임입니다. 우리는 각양각색의 문제의식을 바탕으로 신선한 형태, 새로운 내용의 활동을 실천하고자 합니다. 이를 위해 역사해석의 다양성과 역사연구의 전문성, 그리고 대안적 학문연구와 교육 활동을 지향하는 공론장을 만들었습니다. 그리고 운영 원칙으로 더 많은 다양성과 인권, 민주주의를 구현하자고 약속했습니다.

만 가지 색으로 저항하라

2015년 10월 역사교과서 국정화 행정 예고기간 반대의견서 제출과 인증을 시작으로 거리 행진, 집회 참여, 만인만색 전국역사인대회 개최와 교육부 항의 방문 등을 진행했습니다. 이를 바탕으로 2016년 1월 23일 창립총회를 거쳐 만인만색연구자네트워크가 공식 출범했습니다. 현재는 시민강좌팀, 미디어팀, 연대사업팀, 콘텐츠기획출판팀으로 팀을 나눠 활발히 활동하고 있습니다.

당신의 색을 기다립니다

만인만색연구자네트워크는 정부나 기업의 후원 없이 회원들의 회비만으로 운영됩니다. 운영 목적과 원칙에 동의하는 누구나 일반회원과 후원회원이 될 수 있습니다!

① 일반회원은 대학원(석사과정) 재학 이상의 대학원생, 신진연구자입니다.
② 후원회원은 위에 속하지 않은 자로서 일정액의 후원회비를 납부한 사람 또는 단체입니다.
③ 일반회원 자격은 상반기(2~7월)/하반기(8~1월)로 나누어 6개월씩 유지됩니다.

- 회비: 반기 당 6만원
- 회원가입/후원 문의: 10000history@gmail.com
- 후원계좌: 하나은행 391-910071-85305 임광순
- 홈페이지(블로그) 주소: 10000history.tistory.com
- 페이스북: https://www.facebook.com/10000history
- 팟캐스트(역사공작단): http://www.podbbang.com/ch/11600
- 만인만색역사공작단TV(유튜브): https://www.youtube.com/channel/UCkiEd4LKKBjgqSDfZxRGX-w